KB273937

아이의 천재성은
　　　어떻게 사라지는가

ADHD 낙제생이 하버드대 교수가 되기까지

아이의 천재성은 어떻게 사라지는가

토드 로즈 · 캐서린 엘리슨 지음
윤영삼 옮김

포레스트북스

추천사

"이 중요한 책은 사람들이 각기 다른 가치와 목표, 관심사를 지니고 있으며 그에 따라 서로 다른 방식으로 배우고 성장한다는 사실을 보여 준다. 우리는 다양한 이유로 서로 다른 방식으로 학습한다. 모든 사람이 따를 수 있는 단 하나의 학습 경로는 존재하지 않는다. 각자의 목표와 가치에 따라 달라지는, 다양한 학습 방법이 있을 뿐이다. 이 책이 제시하는 교육에 대한 분석은 가르침과 배움의 출발점이자, 교육학 전반을 관통하는 기초가 되어야 한다. 이 책은 하나의 공통적인 학습 경로가 존재한다는 허구를 깨고 개인에 기초한 새로운 교육의 틀을 제시한다. 오직 이 새로운 틀을 통해서만 학교는 학생들을 고유하게 만드는 차이를 인식하고 존중할 수 있다. 그때서야 비로소 가르치고 배우는 과정이 모든 아이가 잠재성을 발휘하도록 도울 것이다. 이것이 바로 새로운 교육을 향해 나아가는 출발점이다."

_커트 W. 피셔Kurt W. Fischer

하버드 교육대학원 마음·뇌·교육 연구소 소장

라이다, 루스, 버니스를 위해.
그녀들은 진정한 영웅이다.

차례

관점의 전환

"진짜 어려운 것은

새로운 생각을 떠올리는 것이 아니라

낡은 생각에서 벗어나는 것이다."[1]

_ 존 메이너드 케인스

중학교 1학년, 내 별명은 '악마'

악마가 가까이 있다는 것은 불타는 유황 냄새로 알 수 있다고 한
다.[2] 중학교 1학년 때 미술을 가르치던 피보디 선생님은 어쩌면 그
날 수업 이후 이 말을 문자 그대로 믿게 되었을지도 모른다. 나는
조잡하게 만든 악취 폭탄을, 한 개도 아닌 여섯 개를 그가 서 있는
칠판을 향해 던졌다.

오랜 시간이 지난 일이지만 나는 가끔 그때의 악행을 돌아
보며 그의 수업 방식에 대한 정당한 반항이 아니었을까 생각한다.
그는 늘 미술을 말로만 가르쳤을 뿐 우리에게 어떤 것도 시키지 않
았다. 눈이 움푹 들어가고 삐쩍 마른 그는, 중얼거리는 듯한 말투
로 수업했으며 정년퇴직하는 날만을 기다리는 듯 보였다. 어쩌면
나의 도발은 '시민 불복종'이라는 고귀한 행동으로 간주되어야 할

것이다. 망가진 시스템에 저항하는 감동적인 반란 말이다.

어쩌면 그렇지 않았을지도 모른다. 사실 그 일이 있기 몇 분 전, 옆에 앉은 친구 라이언이 나를 부추겼다. 악취 폭탄을 던질 용기도 없는 놈이라며. 나는 늘 부추김에 쉽게 넘어가는 아이였다.

악취 폭탄은 황화암모늄을 담은 작은 물병 여섯 개였다. 황화암모늄은 코를 찌르는 달걀 썩는 냄새가 나는 혼합물로, 장난꾸러기 아이들이 자주 사용한다. 라이언은 내게 이 물병들을 넘기며, 연필을 깎으러 가는 척 교실 뒤쪽으로 가서 선생님이 칠판에 글씨를 쓰기 위해 돌아섰을 때 칠판을 향해 던지라고 했다.

지금 생각해 보면 당연한 일이지만, 당시에는 예상했던 것보다 상황이 훨씬 나쁘게 돌아갔다. 우선 나는 행동에 나서기 전에 그 행동이 어떤 결과를 초래할지 생각했어야 했다. 그랬다면 즉각 잡혀서 혼날 것이 뻔하다는 사실을 깨달았을 것이다. 게다가 라이언은 물병을 전부 던지라고 한 것이 아니라 하나만 던져 보라고 했을 것이다.

재미있는 사실은 물병을 칠판에 던지는 순간, 나 역시 다른 학생들과 마찬가지로 유리병이 부서지는 시끄러운 소리와 교실에 진동하는 악취에 놀랐다는 것이다. 순식간에 뿌연 연기가 퍼지면서 눈물이 흘렀고, 미술 선생님은 학생들을 교실 밖으로 대피시켰다. 그러고는 아이들을 복도 벽에 붙어 서게 했는데, 범인을 찾는 데에는 그다지 노력이 필요하지 않았다. 다른 학생들은 모두 울면서 기침을 하고 있었지만 나 혼자 웃고 있었다.

선생님은 개를 붙잡듯 내 목덜미를 한 손으로 잡고는 곧바로 교장실로 향했다. 나에게는 친숙한 공간이었다. 화가 머리끝까지 치솟은 어머니가 나를 데리러 올 때까지 한 시간 동안 나는 그곳에 감금되어 있었다. 결국 정학 처분을 받아 그 주 내내 학교에 가지 못했다. 물론 이런 일이 처음은 아니었다.

두 갈래 미래

악취 폭탄 사건은 그해의 잊지 못할 악행이었고, 나는 생활기록부에 영원히 남을 '전과 기록'을 또 하나 얻었다. 이는 선생님들에게는 물론 부모님에게도 상당한 골칫거리가 되었다.

열세 살에 나는 이미 문제아로(어쩌면 '구제 불능'으로) 낙인찍혀 있었다. 수업 시간에는 아이들이 내 행동을 보고 웃었지만 쉬는 시간에는 누구도 나와 어울리고 싶어 하지 않았다. 점심도 혼자 먹어야 했다. 숙제를 하지 않아 늘 꾸중을 들었고, 칭찬이나 보상보다 근신과 처벌을 자주 받는 아이였다. 이미 나는 실패에 익숙했다. 간단히 말해서 '스퀘어 펙(학교 제도라는 둥근 구멍에 맞지 않는 네모난 못)'이었다.

그때 나를 알던 사람이라면 내가 20대에 감옥에 갔다고 해도 전혀 놀라지 않을 것이다. 오히려 내가 하버드 대학교 교수진이 되어 있다는 사실을 알면 정말 놀랄 것이다.

돌이켜보면 삶을 단번에 바꾼 결정적인 계기가 있었던 건 아니었다. 훌륭한 선생님과 진심 어린 대화를 나눈 적도 없었고, 가만히 앉아 집중하게 해 주는 딱 맞는 약이 있었던 것도 아니었다. 정신 차리게 하는 무시무시한 보호 관찰자도 없었고, 부모님이 나를 제대로 키우는 비법서를 찾아낸 것도 아니었다. 어느 날 아침 눈을 떴을 때 갑자기 새로운 사람이 된 것도 아니다.

그보다는 처음에는 아무런 상관이 없어 보였지만 언제나 밀접한 관계가 있었던, 일련의 사건과 상황 사이에서 나의 미래가 솟아났다. 몇 가지만 언급하자면 새출발이 필요한 순간 때마침 아버지가 새로운 일자리를 얻어 다른 마을로 이사 가게 된 것, 사교적인 기술을 습득하기 위해 인기 있는 친구의 행동을 그대로 따라 하다가 그의 인내심까지 배운 것, 고등학교 2학년 봄날 오후 예쁜 여학생의 교과서를 충동적으로 훔친 것 등을 들 수 있다.

이런 사건들이 일어나지 않았다면 내 삶이 어떻게 작동했을지 알 수 없다. 나는 거울에 비친 물체의 모습처럼 정반대로 난 길에서 어디로 튈지 알 수 없는 무언가를 품은 상태였다. 한쪽은 감옥으로, 다른 한쪽은 하버드로 이어진 길이었다.

결국 나는 훌륭한 목적지로 이어진 길에 들어섰고 똑똑한 학자들, 기업가들과 협업하며 쉽진 않지만 도전적인 문제를 해결해 나가는 영광을 누렸다. 그 과정에서 내가 거의 변하지 않았다는 사실에는 놀라지 않을 수 없다. 다만 내가 새로운 환경에 놓이자 사람들이 나를 인식하는 방식이 완전히 달라졌다. 고등학생 때 무례하게 인식되던 행동이 아이비리그라는 영토에서는 재치로 여겨지고, 권위를 존중하지 않는 태도는 인습을 타파하는 통찰로 받아들여졌다. 행동을 억제하지 못하는 기질은 창의성으로 해석되었다.

하지만 학창 시절 만났던 사람들은 나의 행동을 보고 미술 시간을 가득 채운 악취를 대하듯 당황스러워하거나 심지어 질겁했으며 아무도 칭찬하지 않았다. 유치원 입학 전에 본 지능 테스트에서 머리가 비상하다는 결과가 나온 뒤, 나는 왜 그토록 멍청한 일을 무수히 저지른 것일까? 왜 나 자신을 망치는 일에 그토록 몰두한 것일까? 남들이 성공을 거두는 동안 나는 왜 실패하는 삶을 살지 못해 그토록 안달한 것일까?

이 질문은 샌드리지 중학교 문을 나선 이후 계속해서 내 마음을 무겁게 짓눌렀다. 그리고 그 질문은 나만의 것이 아니라는 것을 알게 되었다. 지난 몇 십 년간 많은 연구자와 정책 입안자는 나와 같은 아이들을 사회규범 속에 집어넣을 방법을 찾기 위해, 또

고분고분하게 만들 방법을 찾기 위해 노력해 왔다. 또한 사람들은 내 행동을 타고난 기질의 극악함, 게으름, 도움을 청하는 신호, 과도한 TV 시청, 심지어 두뇌 결함으로까지 설명했다. 마지막 해석은 내가 악취 폭탄을 던진 해에 그 사건을 이유로 주의력결핍 과잉행동장애**ADHD, Attention-Deficit Hyperactivity Disorder** 진단을 받은 사실과 연결된 것이었다.

하지만 온갖 가설들보다 나를 좌절하게 만든 순간은 따로 있었다. 악취 폭탄 사건 후 12년 정도 지난 2000년 어느 오후였다. 신문 기사를 통해 내가 하버드 대학원 입학 허가를 받고 잠시 고향에 돌아왔다는 소식을 들은 어떤 어머니가 나를 찾아온 것이다. 그녀 역시 나와 같은 골칫덩어리 아들을 키우느라 고민에 휩싸여 있었고, 그런 아들을 다루는 법에 대해 내가 어떤 조언을 할 수 있을 것이라 생각했다. 그녀의 아들 역시 ADHD 진단을 받았고, 학업성적이 나빴으며 학교에서 물의를 일으켰다.

들어 보니 그녀는 어머니로서 아들에게 도움이 된다고 생각되는 것은 모조리 다 했다. 의사를 찾아가 진단을 받고 자극제를 처방받는 등, 아이를 학교에 적응시키기 위해 온갖 노력을 기울이고 있었다. 그럼에도 아이는 파멸의 길로 돌진했고, 그를 염려하는 모든 사람에게 비참하고 고통스러운 감정을 안겨 주었다.

그 어머니는 이미 의사가 아이를 위해 해 줄 것이 없다는 슬픈 사실을 깨달은 상태였다. 무언가 다른 길을 찾다가 내가 답을 줄 수 있다고 생각한 것이다. 내가 24시간 쉬지 않고 탭댄스를 추거나 밀가루 음식만 먹어서 성공했다고 한다면, 당장이라도 그대로 따라 할 태세였다. 하지만 돕고 싶은 마음과 달리 도움이 될 만한 이야기는 해 줄 것이 없었다. 사실은 나도 무엇이 내 삶의 진로를 되돌리게 만들었는지 이해하지 못했기 때문이다. 내가 이야기를 모두 끝내고 돌아설 때 그녀의 눈빛, 그녀가 집을 나서며 눈물을 훔치던 모습을 나는 아직도 잊지 못한다.

그 만남은 나를 초라하게 만들었고, 비슷한 곤경에 빠진 부모들에게 유용한 도움을 줄 수 있다고 여겨질 때까지 대중 앞에서 내 이야기를 하지 않기로 맹세했다. 그로부터 10년이 지났고, 마침내 나는 이 이야기를 꺼낼 수 있게 되었다.

아이의 행동을 복잡계 관점으로 바라보기

열여덟의 나는 실패자였다. 시간당 4.25달러를 받고 백화점에서 선반을 정리하는 고등학교 중퇴생이었다. 16년이 뒤 나는 하버드 교육대학원의 젊은 교수진으로, 성공한 사람이 되었다. 앞에서 말했듯 무엇이 삶의 전환을 초래했는지 쉽게 설명할 방법은 없다. 전통적인 심리학이나 주류 교육 이론에서 어떤 특별한 깨달음을 얻지는 못했다. 대신 나는 가장 소중한 통찰을 '복잡계complex systems'라고 불리는 새로운 과학 이론에서 얻었다고 확신한다.

복잡계 이론은 시스템의 여러 요소들이 어떻게 서로 영향을 미쳐 다양한 결과를 만들어 내는지를 연구한다. 오늘날 과학자들은 물리학에서 생물학에 이르기까지 폭넓은 전통 학문에 복잡계라는 렌즈를 적용하고 있으며, 내가 일했던 하버드 교육대학원 마음·뇌·교육 연구소에서도 인간의 학습에 대한 연구에 그 이론을 적용했다. 이러한 노력이 결실을 거두면서, 복잡계 이론은 부모와 교사가 아이들의 당황스러운 행동을 이해하는 데 새롭고 유용한 방식을 제공해 왔다.

모범생이든 문제아든 상관없이, 복잡계 관점은 어떤 시점에 드러나는 한 개인의 행동이 그 사람의 유전자 코드만으로, 혹은 그 사람의 의지나 노력만으로 설명될 수 없다는 사실을 알려 준다. 인간의 모든 행동은 개인의 기질, 과거 경험, 그 순간을 둘러싼 환경이 끝없이 상호작용 하며 나타난다. 이러한 상호작용은 '피드백 루프'를 통해 일어나는데, 이는 제동을 걸지 않으면 행동과 반응의 끝없는 연쇄 작용을 유발하는 강력한 메커니즘이다. 이런 시스템 속에서는 작은 차이가 완전히 다른 결과로 이어진다.

많이 알려진 '나비효과' 역시 피드백 루프가 작용한 결과다.

1960년대 수학자이자 기후학자 에드워드 로렌츠Edward Lorenz가
처음 제안한 이 개념에 따르면, 브라질에서 나비가 날갯짓을 하면
그로 인해 텍사스에서는 토네이도가 발생할 수도 있다.[3]

문제아를 천재로 만드는 네 가지 양육 비결

나는 복잡계 이론과 최신 신경과학의 발견에서 얻은 네 가지 통찰
에 대해 자세히 설명할 것이다. 이러한 과정을 통해 여러분은 훨
씬 이해심 깊고 유능한 부모와 교사가 될 수 있다. 간단하게 정리
하면 다음과 같다.

1 변형 가능성은 인간의 기본적인 특성이다: 인간으로서 세
상을 인식하고 그것에 반응하는 방식은 우리가 지금까지 상
상한 것보다 훨씬 다양하고 역동적이다.

2 감정은 하찮은 요소가 아니다: 우리의 오랜 믿음과는 반대
로 현대의 신경과학은 이성만으로 이루어진 생각이나 행동
은 없다는 것을 보여 준다. 아이들에게서 최선의 교육 효과를
얻고자 한다면 아이의 감정에 귀 기울이는 법을 배워야 한다.

3 환경이 핵심이다: 사람들의 행동 양식은 대개 환경에 따라

극적으로 달라진다. 이는 아이를 문제아로 낙인찍는 일이 얼마나 부당한지 보여 준다. 환경만 달랐다면, 그 아이는 아무 문제 없이 잘 지냈을 수도 있다.

4 피드백 루프가 장기적인 성공과 실패를 좌우한다: 나비의 날갯짓을 기억하라. 오늘 경험하는 삶의 작은 변화가 내일의 엄청난 차이로 나타날 수 있다는 것을 명심하라.

아이는 자신이 처한 상황과 끊임없이 상호작용 한다. 아이가 상황에 따라 행동이 어떻게 달라지는지 깊이 관찰하다 보면, 복잡계가 그다지 복잡하지 않은 것처럼 보일지도 모른다. 집에서는 어린 동생과 늘 싸우는 아이가 친구 집에 가면 얌전하게 행동할 수 있다. 걷잡을 수 없는 10대 아들이 당신을 보고 멍청하다고 말했을 때, 당신이 불같이 화를 내는 것은 아이가 그 어휘를 선택했기 때문이 아니라 1973년 아버지와 싸웠던 기억이 되살아나서일지도 모른다. 또는 전날 밤 잠을 충분히 자지 못해서일 수도 있다.

사실 야구 경기를 한 번이라도 본 적 있다면, 당신은 이미 직관적으로 복잡계가 어떻게 작동하는지 알고 있다. 그렇게 뛰어난 투수들이 왜 매번 똑같은 커브볼을 던지지 못하는 것일까? 특출난 기량과 수천 시간 훈련에도 불구하고 투구의 결과는 그가 통제할 수 있는 영역을 넘어선 다양한 상황적 요소에 따라 달라진다.

바람의 속도, 관중석의 반응, 출루한 선수의 유무, 타자의 기량에 대한 인식 등 모든 것이 영향을 미친다.

피드백 루프도 마찬가지다. 그 투수가 한순간에 무너지는 상황을 상상해 보자. 6이닝 동안 잘 던지다가 난데없이 폭투를 던진다. 그리고 또 한 번, 다시 또 한 번 폭투가 이어진다. 갑자기 만루가 되고 관중들은 야유한다. 다음 투구에 집중하려고 해도 더그아웃을 힐끗 보지 않을 수 없다. 감독이 자신을 끌어내리지 않을까 걱정이다. 아드레날린이 혈관을 타고 쇄도한다. 심장박동이 빨라진다. 식은땀이 나고 손이 떨리기 시작한다. 놀라울 것도 없이 다음 투구 역시 시원치 않고, 결국 강판당한다.

커브볼에도 악취 폭탄과 같은 규칙이 적용된다. 행동은 그 행동을 한 사람의 것이 아니다. 그보다는 그 사람의 생리적 상태, 과거 경험, 현재 처한 상황의 상호작용에서 솟아나는 것이다.

통제를 멈추고 관찰을 시작하라

이 모든 것이 명백히 보이는데도 대부분이(안타깝게도 대다수의 학교 관계자들까지도) 복잡계의 지혜를 받아들이지 않는 이유는 무엇일까? 내 생각에는 자신의 운명을 완벽하게 통제한다고 믿고 싶어 하는 인간의 기본 욕구 때문인 듯하다. 개개인의 경험을 모두 포괄하는 철학의 역사는 우리가 운명을 완벽하게 통제하지 못한다고 하지만, 여전히 우리는 그 사실을 완강히 부인하며 우리의 믿음을 고집한다.

이는 인간 사회가 고대부터 비를 내리게 할 수 있다고 굳건히 믿어 온 방식과도 닮아 있다. 멕시코 마야인들은 인간을 제물로 바치는 무시무시한 제사를 지냈고, 아메리카 원주민들은 주문을 외우고 레인 스틱을 사용했다. 오늘날 우리는 강력한 컴퓨터와 정교한 수학 알고리즘을 활용하는 기상학자들을 신뢰하지만, 그들 역시 돌발적인 폭풍과 폭염 앞에서는 여전히 당황한다.

문제는 날씨가 끊임없이 변하는 여러 요인의 영향을 받는다는 데 있다. 날씨에 관해서만큼 우리는 진전을 이루어 왔다. 기우제를 지낼 때 사용하던 희생 제물, 주문, 지팡이를 버렸다. 하지만 아이들에 대해 이야기할 때는 여전히 마법 탄환을 찾는다. 오늘날 수조 원 규모의 산업으로 성장한 약품, 보조 식품, 컴퓨터화된 교육 프로그램 등 온갖 잡동사니 발명품이 아이들의 행동을 고치고 실패의 나락에서 건져 낼 수 있다는 망상을 떠받친다. 현실은 전혀 다르다. 아이들의 행동은 날씨와 마찬가지로 우리 힘으로 통제할 수 없는 복잡성의 지배를 받기 때문이다.

그래서 우리가 처음 해야 할 일은, 아이들을 통제하고자 하는 기우제를 집어치우고 행동을 복잡계 속에서 바라보는 것이다. 집에서는 말할 것도 없고, 아이들이 상당한 시간을 보내는 학교에서도 이러한 관점의 전환이 필요하다.

내가 걸어온 끝없는 추락과 상승의 길을 통해, 그리고 많은 학교에서 목격한 점진적이지만 희망적인 변화를 통해 내가 배운 것들을 이 책에서 이야기하고자 한다. 그 과정에서 아이들의 행동이 복잡계 속에서 어떻게 작동하는지 통찰을 얻을 수 있기를 바란다.

악취 폭탄 사건을 마무리하기 전에 내 반항이 어떤 맥락에서 비롯되었는지 보여 주는 단서를 더 말하고 싶다. 그것은 몇 달 앞선 다른 수업 시간에 일어난 일이었다. 안타깝게도 사소해 보이지만 한 사람의 미래를 크게 흔들 수 있는, 나 말고도 너무나 많은 '스퀘어 펙'들의 앞날을 뿌옇게 만들 수 있는 사건이기도 했다.

낙인이 학습에 미치는 영향

이야기는 이러하다. 국어 선생님이 가장 멋진 시를 쓴 학생에게 거대한 초코바를 주겠다고 약속했다. 미술 선생님과 달리 국어 선생님은 학생들에게 인기 있는 선생님이었다. 학생 농구팀 코치였으며, 가끔은 학생들을 데리고 스키를 타러 가기도 했다. 나 역시 그의 호감을 사고 싶었고, 시를 쓰는 숙제는 나에게 큰 기회였다. 몇 년 전부터 시를 써 왔기 때문이다. 노트 한 권을 가득 채워 만든 시집을 어머니와 할머니에게 보여 주기도 했다. 그들은 늘 내 시를 보고 칭찬했기에 초코바는 내 차지가 될 것이라 확신했다.

나는 숙제를 전혀 신경 쓰지 않는 태도에서 벗어나 며칠 저녁 내내 주방 테이블에서 열심히 숙제를 했다. 마침내 나는 스키점프에 관한 서정적인 시를 썼다. 시작은 이렇다.

눈빛은 용감하지만
마음은 운명을 두려워했다.
다리는 강철 같지만
도약대에 다가서면……

마침내 열심히 숙제를 하는 장남의 달라진 모습을 바라보던 부모님의 모습이 아직도 기억난다. 그들은 어쩌면 아이가 진정으로 달라진 것 아닐까 생각했을지도 모른다.

나는 시를 제시간에 제출했고, 내가 1등을 할 것이라는 확신에 거들먹대기도 했다. 며칠 뒤 드디어 선생님이 시를 채점해 나눠 주는 시간이 왔다. 나는 초코바는커녕 F를 받았다.

몇 초 동안 내 시에 갈겨 써진 커다란 빨간 글씨의 의미를 생각했고, 그 의미가 분명해지자 의자에서 벌떡 일어나 교탁에 서 있는 선생님을 향해 걸어갔다.

"제가 왜 F예요?"

나는 따지듯 물었다. 실내에서 이야기할 때 사용하는 목소리 톤을 유지하려고 하지도 않았다. 선생님은 내가 이유를 알지 못하는 것이 실망스럽다는 듯 나를 쳐다보았다.

"넌 이런 시를 쓸 수 없어."

머리가 터질 것 같았다.

"확실히 제가 썼어요. 사흘 밤 동안 쓴 거라고요. 우리 어머니한테 확인해 보세요."

선생님은 그저 고개를 젓더니 돌아가 앉으라고 명령했다. 다음 날 어머니가 학교로 찾아와 내가 시를 쓰는 것을 직접 보았으며, 그동안 쓴 시들을 보여 주겠다고 했다. 하지만 선생님은 여전히 점수를 바꿔 줄 수 없다고 버텼다. 화가 난 어머니와 학교를 나서면서 생각했다. '때려치울 거야. 정말로 다 때려치울 거야.' 그때까지는 노력하지 않아서 성적이 나쁘다는 이야기를 들어 왔는데, 이제는 노력했음에도 그 노력을 도둑맞은 것이다.

이후 이어질 이야기들과 마찬가지로, 이 사건도 겉으로 보이는 것만큼 단순하지 않았다. 평소 국어 선생님은 전혀 비열하거나 인색한 사람이 아니었다. 하지만 그는 나 말고도 골치 아픈 아이들로 붐비는 교실을 관리하느라 바빴으며, 나의 성실함을 의심할 만한 타당한 이유도 있었다. 어쨌든 내가 학업에 신경 쓰는 모습은 그에게 참으로 낯선 것이었다. 물론 내가 신경 쓴 것은 학업보다는 초코바였을지도 모르지만 말이다.

분명히 말하고 싶은 것은, 나는 초코바를 받지 못한 사건이 악취 폭탄을 던진 사건을 정당화한다고 주장하려는 것이 아니다. 하지만 국어 선생님이 내가 그 시를 썼다고 믿어 주었다면 나의 중학교 생활이 어떻게 달라졌을까 자주 생각한다. 아마 그때까지 쓴 다른 작품들도 보여 달라고 하며 나를 격려했을 것이다. 나는 스스로를 문제아가 아닌 작가로 인식했을지도 모른다. 그랬다면 국어 시간 작은 나비의 날갯짓이 어쩌면 미술 시간의 악취 폭탄 사건과는 전혀 다른 형태의 토네이도로 이어졌을지도 모른다.

하지만 이 사건은 세상과 나 자신을 바라보는 희망적인 시선과 무수한 실패의 경험에서 우러난 부정적인 시선이 겨우 균형을 이루고 있던 저울을 한쪽으로 기울게 만들었다. 이날을 계기로 나는 더 이상 노력하지 않겠다고 조용히 맹세했다.

우리 부모님은 나까지 포함해 다섯 아이를 힘겹게 키웠다. 낮에는 일하고 밤에는 학교에 다니던 아버지는 이후로도 4년 동안 나를 달래고, 매수하고, 협박했지만 모두 헛수고였다. 나는 고등학교 졸업반 중반이 될 때까지도 고집스럽게 모두의 시간을 낭비하며 버텼다. 결국 교장 선생님이 부모님을 불러 평균 평점 0.9라는 형편없는 점수로는 고등학교를 졸업할 방법이 없다고 통보했다. 그렇게 나는 열여덟 살에 고등학교에서 잘렸다.

교육제도의 변화가 필요한 때

나와 같은 학생을 가르치기는 쉽지 않다. 하지만 나는 이것을 한 개인의 문제가 아니라 오늘날 학교 현실의 문제라고 이야기하고 싶다. 내가 '오늘날'이라고 말했나? 오늘날 전 세계 대다수 학교에 만연한 시대착오적 관습은, 기계식 암기를 가장 우선하는 19세기 초반 프러시아 교육제도에서 유래된 것이다.[4] 이러한 강압적 학교제도는 충성스럽고 순종적인 군인과 공장노동자를 찍어 내기 위해 설계되었다. 개인의 잠재성이나 창의성을 키우기 위해서가 아니라 획일성과 복종을 주입하기 위해 만들어진 것이다. 이러한 교육관은 높은 수준의 자율성과 끝없이 쏟아지는 정보를 관리하는 능력을 요구하는 오늘날의 일자리 환경을 고려할 때 참으로 시대에 뒤떨어진 발상이다.

더욱이 오늘날 교육 시스템은 아이들이 배우는 방식이 얼마나 다양하며, 환경이 결과를 형성하는 데 얼마나 강력한 역할을 하는지 밝혀낸 신경과학의 통찰을 적용할 준비가 되어 있지 않다. 하버드 마음·뇌·교육 연구소 총책임자이면서 나의 멘토이자 동료인 커트 피셔에 따르면, 오늘날 학교 제도에서는 학생의 80퍼센트 정도가 실패할 수밖에 없다. 물론 대다수 아이들은 학교를 끝까지 다닌다. 하지만 단순히 살아남는 것을 우리 교육제도에 대한 기대 수준으로 삼아야 할까? 절대 그렇지 않다.

나쁜 소식은 기질적으로 권위에 의문을 제기하는 성향이 있는 아이들에게 우리 학교는 장기적으로 상처로 남을 행동을 노골적으로 자주 한다는 것이다. 학생들 중에는 태생적으로 권위를 존중하는 방식으로 사고하지 못하며 위험을 무릅쓰기를 좋아하는 아이들이 있다. 바로 이들이 장차 더 나은 미래로 가는 혁신을 만들어 낼, 우리 사회의 희망인 인재들이다.

안타깝게도 지금까지는 망가진 것이 뻔한 교육 상황을 바꾸는 데 초점을 맞추기보다 열심히 가르치는 교사들만 비난해 왔다. 그리고 아이들은 그보다 더 심하게 나무랐다. 우리 교육제도가 아이들의 타고난 변형 가능성을 감당하지 못해 벌어진 상황인데도, 우리는 수백만 아이들을 스스로 못난 구제 불능이라고 생각하게 만들었다. 통계를 보면 미국에서만 540만여 명의 아이들이 ADHD 진단을 받았으며, 또 다른 수백만 명이 난독증에서부터 수학을 어려워하는 난산증, 글쓰기에 어려움을 겪는 난서증에 이르기까지 하나 이상의 진단을 안고 살아가고 있다. 이러한 아이들 대부분이 아무리 노력해도 수업에서 뒤처져 바깥을 떠돌 것이고, 최악의 경우 문제를 일으키고 비행 청소년이 된다.

좋은 소식은 교육이 꼭 이런 식으로 유지될 필요는 없다는 것이다. 그리고 나는 현재의 교육제도가 그리 오래 가지 않을 것이라 확신한다. 실제로 우리는 기술과 학습 과학의 발전을 세심하게 결합함으로써 교육 환경을 근본적으로 바꿀 수 있는 기회의 출발점에 서 있다. 선구적인 몇몇 학교는 이미 학습에 관한 첨단 과학의 결실에 기반하여 새로운 교습법을 도입하기 시작했다.

그들은 학생들을 좌절에 익숙하게 만드는 암기와 표준적인 시험 같은 엄격한 접근법을 거부한다. 대신 아이들 개개인의 타고난 차이를 실질적으로 지원할 수 있는, 역동적이고 유연하며 각자 다르게 적용되는 새로운 해법을 지지한다. 이러한 노력은 대부분 평균에 맞춰 가르치는 전통 아래에서 오랫동안 외면받아 온, 나와 같은 아이들의 투쟁에서 영감을 얻은 것이다. 이러한 새로운 접근법이 특히 기대되는 이유는 그 혜택이 단순히 '스퀘어 펙'뿐 아니라 장차 모든 학생에게까지 확장된다는 데 있다. 학습은 더 재미있어질 것이고 창조성의 불길 또한 솟아오를 것이다.

물론 어떤 기술이든 그 자체만으로 문제를 해결할 수 있을 만큼 완벽한 것은 없다. 내가 말하고자 하는 것은, 이러한 전환을 실현하는 데에는 기술보다 우리 개개인의 노력이 기여할 수 있는 부분이 훨씬 많다는 점이다. 그런 점에서 이 책은 나의 개인적인 회고록이자 선언서라 할 수 있다. 집과 학교에서 부모와 교사들이 아이들을 돌볼 때 조금이라도 도움이 되기를 바라는 마음으로 내가 살아온 이야기를 공유하고자 한다.

이제는 과학자들과 교육자들이 지금까지 발견한 효과적으로 배우고 가르치는 방법들을 많은 교육 현장에 퍼트려야 할 때다. 우리에게 필요한 것은 또 다른 악취 폭탄을 공중에서 멈추게 할, 유리병을 든 골칫덩어리 '스퀘어 팩'을 좀 더 창조적이고 건강한 길로 인도할 학습 혁명이다.

책을 읽다 보면 내가 말하고자 하는 것을 이해할 수 있으리라 생각한다. 필기할 필요는 없다. 각 장의 끝에 복잡계 이론에서 찾은 'KEY POINT'와 실제로 '스퀘어 팩'을 키울 때 활용할 수 있는 'TO DO' 목록을 정리해 놓았다.

- 황화수소와 암모늄을 섞으면 악취 폭탄을 만들 수 있다.
- 부모는 생각보다 아이의 미래에 훨씬 큰 영향을 미친다. 당신이 생각하는 방식만이 유일한 길은 아니다.
- 신경과학과 복잡계에서 나온 네 가지 개념이 아이를 더 깊이 이해하고 지지하는 데 도움을 줄 수 있다.
  - 인간의 뇌는 놀랄 만큼 변할 수 있다.
  - 감정은 우리가 지금껏 생각한 것보다 훨씬 행동에(특히 학습에) 강한 영향을 미친다.
  - 행동은 환경에서 따로 떼어 이해할 수 없다.
  - 피드백 루프는 생리적 상태와 상황이 상호작용 하며 영향을 강화하는 강력한 메커니즘이다. 완벽하게 통제할 수는 없지만, 어느 정도 이해하고 나면 흐름에 영향을 미칠 수는 있다.
- 복잡계 이론에 기반한 새롭게 움트는 학습 과학 혁명은, 교육을 근본적으로 변화시키고 그 과정에서 수많은 영리한 '스퀘어 펙'의 삶의 경로를 재정립할 가능성을 품고 있다.

••• **TO DO** •••

☐ 계속 읽어라.

☐ 아이를 안아 주어라.

☐ 오늘부터 세상을, 특히 아이의 행동을 복잡계의 관점으로 바라
보아라. 그 과정에서 변이성, 감정, 환경, 피드백 루프라는 네
가지 핵심 개념을 항상 염두에 두어라.

1장

기질과 환경

"환경이 핵심이다.

모든 이해는 거기서부터 시작된다."

_케네스 놀런드

기질과 환경의 초기 상호작용

유치원에 가는 첫날 아침, 단정한 금발을 한 어머니의 푸른 눈동자는 감정을 숨기지 못했다. 어머니는 유치원 문 앞에 아이들을 내려놓는 다른 학부모들을 둘러보면서 웃고 있는 사람이 혼자라는 사실을 깨닫고 조금 당황스러웠다.

"선생님, 이 아이 좀 부탁드립니다!" 어머니가 나를 맡은 선생님에게 건넨 첫마디다. 다섯 살이던 나는 세 아이 중 맏이였다(결국에는 다섯 남매가 되었다). 어머니는 곧 내가 여느 아이들과 다르다는 사실을 깨달았다.

나는 분만실에서 집에 온 첫날부터 골치를 썩이기 시작했다. 두 돌이 될 때까지 한 번도 밤에 깨지 않은 적이 없다고 한다.[1] 부모님에게는 고문과도 같은 시간이었다. 게다가 유아용 침대에서 벗어나자마자 잠결에 어둠 속을 걸어다니다 여기저기 부딪치는가 하면, 옷장 문을 열고 오줌을 싸기도 했다. 우리 가족은 응급실의 단골손님이었다. 원인을 알 수 없는 고열에 시달렸던 것을 빼면 (세 살이 되기 전 고열로 사소한 발작을 일으킨 것만 해도 세 번이다) 모두 머리를 벽에 세게 부딪쳐 응급실에 실려 간 거였다. 얼굴에 멍과 상처가 없는 사진을 찾아보기 힘들 정도다.

나는 유난히도 머리가 크고(아버지는 "이마랑 잇몸만 보인다." 며 놀리곤 했다) 에너지가 넘치는 아이였다. 아기 울타리도 나를 가두지 못했고, 신발을 신은 날부터 내 신발은 눈 깜짝할 사이에 닳아 버렸다. 조금만 틈을 주어도 거리로 냅다 뛰어나가 끊임없이 위태로운 상황에 처했다. 급기야 두 살에는 어린이가 열 수 없도록 만들어진 발작 치료용 약병을 눈여겨보다가 약병을 열어 놓은 잠깐의 순간을 놓치지 않고 재빠르게 달려가 마셔 버렸다.

당시 내가 살던 세상은 유타 주 북부의 외진 시골에 있는 조용하고 한적한 길가에 지어진 작은 나무집이었다. 장난칠 거리를 무한하게 제공했던 그곳에서 나는 동생들과 어린 시절을 보냈다. 동생들이 지나갈 때마다 찌르거나 꼬집지 않고서는 보내 주지 않았는데, 동생들은 지금까지도 그 일에 대해 불평한다. 어쨌든 내가 다섯 살이 되어 유치원에 들어갈 때까지 24시간 내내 쉬지 못하고 아이 셋을 키운 어머니에게는 휴식이 절실했다.

세대 간 회복탄력성의 전이

한 가지 더 말하고 싶은 것이 있다면 우리 어머니가 쉽게 쓰러지는 사람은 아니라는 것이다. 걸음도 빠르고 말도 빠른 어머니는 매일 동이 트기 전에 일어나는 부지런한 사람이었으며, 학교 선생님이나 교회 관계자들 앞에서 자신의 생각을 이야기하는 것을 한 번도 주저한 적이 없었다. 그러한 어머니의 성격 덕분에 감사하게도 내 삶의 궤도가 크게 달라질 수 있었다.

어머니는 강한 여성이지만 한순간 나약해지는 바람에 인생이 바뀌었다. 불과 열일곱 살에 나를 임신한 것이다. 장대높이뛰기 장학생이자, 디젤 정비를 공부하며 웨버 주립대학교에 재학 중이던 아버지 래리 로즈와 어머니는 사랑에 빠졌다. 그들은 언젠가 결혼하자고 약속한 상태였는데 나로 인해 그 계획이 앞당겨졌다.

어머니는 학교를 중퇴하는 것 말고 다른 선택지는 고려하지 않았다. 언니를 따라 간호대학에 들어가거나 숲속 순찰대원으로 일하고 싶다는 희미한 꿈은 잠시 보류하고, 전업주부이자 아이의 어머니가 되어야만 했다. 몇 주 동안 망설이다 장차 나의 할머니가 될 어머니의 어머니에게 모든 것을 털어놓기로 마음먹었다. 하지만 결국에는 마주 보고 이야기할 용기가 나지 않아 아침에 학교에 가면서 주방 테이블에 쪽지를 써 놓고 나왔다고 한다. 어머니의 회상에 따르면 할머니는 그날 오후 딸을 데리러 학교에 오면서 시뻘 개진 눈을 숨기기 위해 선글라스를 쓰고 왔다. 할머니는 이렇게 말했다. "라이다, 되돌아보지 마라. 언제나 앞을 봐라." 시간이 흐르면서 이 말은 우리 어머니의 모토가 되었다.

어머니는 고등학교를 중퇴했고 아버지는 계속 대학을 다녔다. 아버지는 가족 중 처음으로 고등학교를 졸업했다는 데 자부심을 느꼈으며, 대학을 그만둘 생각이 없었다. 하지만 가족을 부양하기 위해 밤과 주말마다 식료품점에서 일했다. 어릴 적 우리는 집에서 아버지를 본 적이 없다. 대학을 졸업한 아버지는 할아버지와 트럭 수리 센터에서 일했다. 그리고 얼마 뒤 후퍼라는 시골 동네에 이층집을 지어 이사할 수 있을 정도로 돈을 모았다. 대출을 받기는 했지만 말이다. 아버지의 야망은 여기서 끝나지 않았다. 몇 년 뒤에는 기계공학 학위를 따기 위해 야간대학에 들어갔다.

할아버지는 열두 살 생일이 지나고 초등학교를 그만둬야 했다. 부모님이 이혼하는 바람에 버려진 것이나 마찬가지인 신세가 된 것이다. 그는 나이를 속여 고물 처리장에서 일했고, 밤이면 낡은 화물칸에서 잠을 잤다. 이후에는 육류 처리 공장에서 일했고, 나중에는 트럭 운전사로 일하며 틈틈이 자동차 정비 기술을 배웠다. 그렇게 살면서도 할아버지는 언제나 밝게 웃으며 기죽지 않고 꿈을 잃지 않았다. 그런 기질은 아들에게도 이어졌다.

내가 유치원에 입학하던 날을 기준으로 보자면, 우리 집은 무일푼 상황에서도 어떻게든 위로 올라가겠다는 의지가 분명한 집안이었다. 당시 많은 가정과 마찬가지로 부모님은 우리의 어려움이 오래 가지 않을 것이며, 결국 이전 세대보다 풍요로워질 것이라는 확신을 갖고 있었다. 그 믿음 덕분에 어머니는 주중 하루에 몇 시간이라도 나를 맡길 수 있다는 것과, 내가 유치원에서 값진 시간을 보낼 것이라는 생각에 마음이 놓였을 것이다.

물론 나는 장난이 심한 아이였다. 하지만 유치원에서 받은 검사 결과는 내가 지적으로 뛰어날 수 있다는 가능성을 보여 주었고, 학교의 심리학자 또한 내 앞날을 긍정적으로 바라볼 만하다고 어머니를 안심시켜 주었다.

기대는 현실이 된다

오랜 세월이 지나 학습 메커니즘을 연구하는 학자가 된 뒤에야 내가 유치원 문 앞에서 얼마나 큰 장점을 지니고 있었는지 알게 되었다. 선생님들의 기대라는 물결은 내가 거슬러 헤엄치지만 않는다면 나를 위대한 곳까지 실어 나를 준비가 되어 있었다.

최근 몇십 년 사이 과학자들은 "좋고 나쁜 것은 본래 존재하지 않으며 생각이 그렇게 만들 뿐이다."라는 햄릿의 유명한 통찰이 '타인의 기대가 한 사람에게 발휘하는 잠재적인 힘'에도 그대로 적용된다는 무수한 증거를 제시해 왔다. 특히 심리학자 로버트 로젠탈Robert Rosenthal은 이러한 현상을 입증할 명백한 증거를 찾아냈다. 그래서 오늘날 이 현상을 '로젠탈 효과'라고 부른다.[2]

그는 일반적인 과학 실험이 그러하듯 쥐 실험으로 연구를 시작했다. 1963년 출간된 보고서에 따르면 당시 하버드 대학교 교수였던 로젠탈은 학생들을 두 집단으로 나누어 실험실 쥐들을 나누어 주었다. 한 집단에게는 높은 지능을 갖도록 특별하게 키운 쥐라고 말했고(물론 거짓이다. 무작위로 선택한 쥐들이었다), 다른 집단에게는 지능이 낮도록 키웠다고 했다(역시 거짓이었다).

로젠탈은 학생들에게 각자 맡은 쥐들을 데리고 '미로 통과하기'와 같은 몇 가지 반복적인 임무를 수행하도록 훈련시키라고 했다. 그 결과 로젠탈이 예측한 대로 '영리한 쥐'를 할당받은 학생들이 훨씬 빠르게 쥐를 훈련시켰다.

더 나아가 로젠탈은 비슷하지만 훨씬 과감한 실험을 수행했다. 이번 실험 대상은 초등학생들이었다. 샌프란시스코의 소득이 매우 낮은 지역의 학교에서, 학교 이름을 밝히지 않는 조건으로 진행한 실험이었다. 로젠탈은 학생들에게 간단한 시험을 보게 한 뒤 이 중 20퍼센트는 '지적으로 성장할 가능성이 상당히 높아 해가 바뀌기 전 성적이 크게 오를 것'이라고 선생님들에게 알려 주었다. 이것 역시 거짓말이었다. 하지만 8년 뒤 연구자들이 이들을 추적했을 때, 20퍼센트에 포함된 아이들은 그렇지 않은 아이들보다 실제로 성적이 눈에 띄게 향상되었다.

로젠탈은 이 작용을 '피그말리온 효과'라고 불렀다. 그리스 신화에서 자신이 만든 조각상과 사랑에 빠진 조각가 '피그말리온'의 이름에서 따온 것이다. 피그말리온처럼 교사가 학생을 이상화하면, 그들의 높은 기대는 결국 자기충족적 예언이 되었다.

유치원 입학 첫날, 나는 선생님과 부모님의 기대를 충족시킬 준비가 되어 있었다. 하지만 예언을 저버릴 수밖에 없었던 것은, 그러한 기대보다 훨씬 강력한 또 다른 두 가지 요인이 있었기 때문이다. 그것은 바로 잠시도 가만히 있지 못하는 나의 기질과, 필연적으로 충돌할 수밖에 없었던 학교라는 환경이다.

순응을 요구하는 환경

내가 자란 작은 시골 마을 후퍼는 전통적인 모르몬교 가치관 중에서도 가장 극단적인 가치를 오랫동안 유지해 온 곳이다. 그레이트 솔트호에서 동쪽으로 불과 몇 킬로미터 떨어진 이곳에서는 워새치 산의 뾰족한 봉우리를 바라볼 수 있다. 이 마을은 19세기 중반 브리검 영Brigham Young과 그의 동료들이 일리노이에서 이주해 와 가축을 기르고 농사를 짓기 시작한 이래 수십 년간 '머스크랫 스프 링스Muskrat Springs'라고 불렸다.

오늘날 이 마을에 사는 수천 명 주민 가운데 대다수는 자신이 '예수 그리스도 후기 성도 교회(모르몬교)'와 공화당의 일원이라는 사실을 자랑스럽게 여긴다. 1982년 로널드 레이건이 이곳에 왔을 때 동네 공원에는 군중이 2만 5,000명이나 모였고 레이건은 마차 바퀴로 장식된 연단에서 연설을 했다. 나는 당시 여덟 살이었는데, "나는 로니와 점심을 먹었다."라고 적힌 공짜 티셔츠를 입고 가장 자리를 뛰어다녔다. 사람들은 일요일이면 교회에 가기 위해 가장 좋은 옷을 입었으며 하루 종일 그 옷차림을 유지했다.

부모님은 비교적 발전한 인근 도시 오그던에 살다가 1979년 후퍼로 이사했다. 아버지는 대출을 받아 작은 이층집을 마련했고, 어머니는 뒷마당에서 오이와 콩, 옥수수 등을 길렀다.

14년 뒤 아버지는 마침내 더 활기찬 동네에 있는 더 큰 집으 로 이사 갈 자금을 모았다. 어머니가 그때 한 말이 지금도 기억에 남는다. "다양한 사람이 모여 사는 곳이면 좋겠어요. 내가 '다양한 사람'에 속하고 싶지는 않고요." 그 말은 곧, 후퍼로 처음 이사 갔 을 때부터 우리 가족이 주민보다는 외지인이 된 것 같은 느낌을 받았다는 뜻이다. 그 느낌은 시간이 갈수록 더욱 분명해졌다.

후퍼에는 누구의 기억으로도 거슬러 올라갈 수 없을 만큼 예전부터 그곳에서 살아온 몇몇 가문이 자리 잡고 있었다. 거리에서 마주치는 아이들은 모두 누군가의 사촌이었고, 그런 곳에서 아이들을 그들과 어울리게 만드는 일은 어머니로서 힘든 일이었다. 더욱이 앞에서 말했듯 어머니는 생각을 솔직하게 이야기하는 사람이었다. 하지만 우리 가족이 따돌림을 받은 결정적인 계기는 점점 악명이 높아져 가던 동네의 말썽꾸러기, 나의 행적 때문이었다.

물론 판단과 평가가 넘쳐나는 곳이기는 했어도 후퍼는 골치 아픈 사고뭉치 아이를 키우는 데 몇 가지 좋은 점이 있었다. 우선 그곳은 엄청나게 안전한 동네였다. 심각한 범죄는 거의 일어나지 않았으며, 사람들 대부분이 문을 잠그지 않고 지낼 만큼 범죄에 대한 걱정이 없었다. 물론 나는 사소한 침입을 일삼던 시절에 이런 신뢰를 약간 악용하기도 했다. 하지만 전반적으로 보면 여러 종류의 두려움과 유혹으로부터 보호받고 있었다.

예컨대 아무리 나쁜 짓을 하더라도 부모님이 내 곁을 떠나갈 것이라는 생각은 하지 않았다. 부모님 모두 모르몬교 신자였기에 결혼이 지상과 천국 모두에서 구속력을 갖는다고 여겼기 때문이다. 또한 동생들을 아무리 심하게 대하더라도, 중요한 순간에는 우리가 서로의 편이 되어 줄 것이라는 믿음이 있었다. 무엇보다도 이곳에서는 술이나 마약을 쉽게 얻을 수 없었으며, 그런 것에 대해 이야기하지도 않았다. 덕분에 어릴 적 쉽게 빠질 수 있는 위험에서 상당 부분 차단되어 있었다. 실제로 한 외지인이 초등학교 건너에 있는 가게를 인수해 주류 판매 허가를 신청하자, 동네 지도자들이 즉시 이를 막기 위한 주민 투표를 조직했다.

다시 말해 후퍼가 주민들에게 잘 맞는 이유는 바로 획일성 때문이었다. 그 획일성이 우리 같은 평범한 중산층 가정마저도 다양한 존재로 보이게 만들었고, 여기에 사회적 규범과 종교적 권위에 대한 주민들의 타협 없는 순종이 더해졌다. 이러한 조합은 후퍼 주민들에게 질서와 예측 가능성, 안전함을 주었다. 그렇지만 바로 그 점이 그곳에서 내가 실패할 수밖에 없는 이유이기도 했다.

섣부른 판단은 아이의 잠재력을 묻어 버린다

열세 살, 초코바 시 공모전에서 F를 받고 미술 시간에 악취 폭탄을 던진 바로 그해, 우리 가족의 소아과 주치의는 내 비순응성에 이름을 붙였다. 주의력결핍 과잉행동장애, ADHD는 아동기 정신 질환 중 가장 흔한 것일 뿐만 아니라, 아이들에게 '말썽꾸러기'라는 낙인이 찍히는 주요한 원인이기도 하다. 지난 수십 년간 집중적인 연구가 이루어졌음에도 불구하고 이런 진단을 받은 아이들이 얼마나 자주 오해받는지 살펴보면 놀라울 정도다.

ADHD의 주된 특징은 잠시도 가만있지 못하고, 쉽게 잊어버리고, 충동적이고, 부주의하다는 것이다. 이런 특성은 사실 대부분의 사람들, 특히 남자아이들에게서 간헐적으로 나타나는 것이지만 그 정도가 심해질 경우에는 학습에 방해가 된다. 적어도 전통적인 학교 제도 안에서는 학습이 불가능한 경우가 많다.

과학자들은 ADHD의 이러한 특성들이 도파민을 처리하는 뇌의 방식 차이에서 비롯될 수 있다는 사실을 밝혀냈다. 도파민은 위험과 보상을 빠르게 판단하여 행동할 수 있게 만드는 신경전달물질, 즉 '화학적 전달자'다. 다시 말해 도파민은 동기를 부여하는 역할을 하며, 어느 시점에 쏟아져 들어오는 수많은 자극 중 무엇에 가장 집중할 것인지 결정하도록 도와준다. 도파민이 너무 적게 분비되는 경우, 흥미롭지 않거나 자신과 무관하다고 여겨지는 것에 계속 집중하기 어려워진다. 실제로 ADHD 기준에 부합하는 사람 대부분은 지루함을 참는 것을 매우 어려워한다. 안타깝게도 이러한 신경학적 변이는 대개 성격적 결함으로 인식된다.

물론 한시도 가만있지 못하는 사람이 지루함을 즐기지 못하는 것은 당연하다. 지루함은 실제로 불안과 밀접하게 연관된, 말 그대로 고통스러운 정신 상태이다. 뇌과학은 지루함이 멍한 상태가 아니라는 것을 보여 준다. 실제로 지루함을 느끼는 뇌는 매우 바쁘게 움직이며, 주변에서 자극을 찾기 위해 노력한다. 때로는 창조적이고 적극적인 방식으로, 때로는 약물 남용과 같은 위험하고 자극적인 방식으로, 때로는 나처럼 동생들이나 선생님들을 화나게 만드는 방식으로 말이다.

혹시 내가 진단이라는 의학적 꼬리표 사용에 전적으로 반대하는 것처럼 느껴질까 봐 덧붙이자면 그런 것은 아니다. 적절한 관점으로 바라보는 한, 즉 그것이 아이에 대해 말해 주는 것과 말해 주지 않는 것을 이해한다면 진단은 도움이 될 수 있다. 가장 이상적인 경우 가족들이 아이의 뇌가 얼마나 다양하게 작동하는지 더 진지하게 고민하도록 돕고, 나아가 강점은 최대한 살리면서 약점은 최소화하는 방법을 찾을 수 있다. 여기서 '이상적'이라는 말을 덧붙인 것은 안타깝게도 이런 일이 현실에서는 거의 일어나지 않기 때문이다.

진단은 또한 유용한 자원을 연결해 줄 수도 있다. 다만 내가 우려하는 것은 너무도 흔하게 벌어지는 상황들이다. 부모와 교사, 의료 전문가들이 아이를 서둘러 '장애가 있는' 존재로 규정해 버리는 경우 말이다. 실제 문제는 아이 자체가 아니라, 아이와 주어진 환경 사이의 부조화일 수도 있다. 만약 그 학생이 더 나은 학교, 더 잘 맞는 환경에서는 아무 문제 없이 행동한다면, 그 아이들에게 결핍이나 장애라는 꼬리표를 붙이는 일이 과연 공정한가?

이러한 전략적 실수는 학자들이 말하는 '단일 요소 오류single-factor fallacy'로 요약된다. 즉, 비행 청소년 같은 문제를 단 하나의 원인으로 설명할 수 있다고 생각하는 것이다. 물리학자 리처드 파인만은 이렇게 말했다. "나는 일찍이 어떤 것의 이름을 아는 것과 그 자체를 아는 것은 다르다는 사실을 배웠다." 이 말처럼 아이에게 진단명을 붙이는 것은 그 아이가 처한 상황을 이해하는 것과는 전혀 다른 문제다.

복잡계의 핵심은 바로 복잡함에 있다. 무수한 변수들이 상호작용 하여 전혀 다른 결과를 만들어 낸다는 것이다. 이것은 학습 장애로 진단받은 아이들의 미래 역시 다른 아이들과 마찬가지로 놀랍도록 다양할 수 있다는 의미이다. 아이를 '고치면' 모든 것이 해결될 것이라는 생각은 잘못되었다는 뜻이다.

'스퀘어 펙' 학생들을 이해하고 참여하게 만드는 방법은 훨씬 복잡하다. 여러 이유가 있지만 중요한 이유는 ADHD 진단만으로는 아이가 얼마나 총명한지, 아이의 잠재성이 얼마나 큰지 전혀 알 수 없다는 점이다. 실제로 산만하고 충동적인 ADHD 증상은 지능 수준과 무관하게 나타난다는 것을 보여 주는 연구 결과가 많다. 나아가 소위 '영재'들 중 상당수(많게는 여섯 명 중 한 명)가 학습 장애로 진단할 수 있는 기준을 충족한다.

문제아로 불린 소년들

내가 다닌 초등학교 환경은 내 타고난 기질뿐만 아니라 성별 면에서도 나와 궁합이 좋지 않았다는 사실이 점점 더 많은 연구를 통해 밝혀지고 있다. 그 시기의 남자아이들은 주의력과 학습 차이로 인해 약물 처방을 받을 가능성이 훨씬 높고, 부적절한 행동을 지적받고 징계받는 경우도 더 잦았다. 1980년대 이후 남자아이들은 읽기, 쓰기, 성적, 시험 점수, 전반적인 학습 의욕 측면에서 여자아이들보다 뒤처져 왔다.

요약하자면, 내가 중학교 1학년에 이르렀을 무렵 내게는 이미 메이저리그급 스트라이크 두 개가 주어진 상태였다. ADHD 진단을 받은 것과 남자아이라는 사실 말이다. 특히 사춘기 남자아이였다는 점에서 상황은 더 나빠질 수밖에 없었다. 사춘기 남자아이들은 역사적으로도 언제나 말썽꾸러기였다.

레프 톨스토이는 이렇게 썼다. "열두 살에서 열네 살 사이의 아이들이… 유난히 방화나 심지어 살인을 저지를 경향이 높다는 이야기를 어디선가 읽었다. 내 어린 시절을 돌아보면 해치려는 의도나 분명한 목적 없이도 그저 호기심 때문에, 행동하고 싶다는 무의식적 욕구를 충족하기 위해서 가장 무서운 범죄를 저지를 수 있는 시기였다."

양육의 틀을 깬 어머니

사춘기 남자아이에 대한 톨스토이의 묘사는 나의 경우 세 살쯤부터 적용할 수 있었다. 특히 여동생 킴이 하늘을 날 수 있는지 확인해 보고 싶다는 생각에 2층에서 밀었던 사건이 떠오른다.

그 사건의 배경을 이야기하자면, 당시 나는 밤에 한 번도 깨지 않고 문제도 전혀 일으키지 않으며 차분하고 말 잘 듣는 여동생에 대한 어머니의 칭찬을 지겹도록 들어 온 상태였다. 어머니의 손을 덜어 주기 위해 하늘이 보낸 소중한 '천사'라고 어머니가 늘 흥얼거리던 것을 기억한다. 어느 늦은 오후, 2층 창가에 기대어 밖을 내다보고 있는 동생의 모습을 발견했을 때 나는 갑자기 주체할 수 없는 충동에 사로잡혔다. 교회에서 '진짜' 천사에 대해 배운 적이 있는데, 어쩌면 그것이 나의 충동을 설명하는 데 도움이 될지도 모르겠다. 그때 어머니는 저녁을 준비하고 있었다.

1분 뒤, 나는 주방으로 달려가 어머니에게 소리쳤다. "그거 알아? 킴은 날개가 없어!"

솔직히 말해서 이 일은 내가 성인이 될 때까지 저지른, 머리카락을 곤두서게 만드는 무수한 사고의 시작에 불과했다. 다행히도 동생은 관목 덤불 위로 떨어져 온몸에 긁힌 상처만 나고 크게 다치지는 않았다. 몇 센티미터만 앞으로 나갔어도 콘크리트 바닥으로 떨어지고 말았을 것이다. 우리 가족의 삶을 영원히 바꿔 버렸을지도 모르는 무시무시한 사고였지만, 기적과도 같이 지금은 가족이 모일 때마다 이야기하는 추억거리로 둔갑했다.

가족이 모이면 즐겨 하는 또 다른 이야기 역시 나와 여동생에 관한 것이다. 둘 다 학교에 들어가기 전이었다. 이날은 특이하게 도 어른 없이 우리 둘만 집에 있었다(그런 경우는 거의 없었다). 나는 창고에서 스프레이 페인트를 찾아냈고, 뒷마당을 돌아다니며 콘 크리트 벽에 온통 사람 모양 그림을 그리고 다녔다. 물을 뿌리면 다 지워질 거라고 생각했는데 호스로 물을 아무리 뿌려도 지워지 지 않아 나는 빠르게 머리를 굴렸다. 문득 여동생이 사람을 그릴 때 무릎에 작은 원을 그린다는 게 떠올랐다. 어머니가 나타나기 직전, 나는 내 그림의 무릎들에 서둘러 동그라미를 그려 넣었다. 결국 여동생이 모든 잘못을 뒤집어썼다. 몇 년이 지나고 부모님에 게 사실 내가 한 짓이었다고 자백했지만 부모님은 이미 모든 사실 을 알고 있었다.

이런 나의 기이한 장난들은, 친척들에게는 물론 남의 집에서 무슨 일이 벌어지는지 훤히 아는 후퍼의 이웃들에게도 빠르게 퍼 져 나갔다. 이모와 삼촌들은 곧 나를 '카인'이라고 부르기 시작했 다(성서에 등장하는 인물로, 질투 끝에 동생 아벨을 살해한 최초의 살인 자로 묘사된다 – 옮긴이). 초등학교에 들어가기 훨씬 전부터 앞으로

20년 동안 나를 따라다닐 이미지를 만들어 가고 있던 셈이다. 내가 지나간 길에는 언제나 오해와 상처받은 감정, 학업 실패, 신체적 상처까지 남았다.

시간이 지나면서 나는 상황이 훨씬 나빠질 수도 있었다는 것을 점차 깨닫기 시작했다. 스물세 살의 고등학교 중퇴자로, 어린 아이들을 돌보느라 지쳐 있었고 경험도 부족했던 어머니는 분명 녹초가 되었고 좌절감도 컸다. 그럼에도 어머니는 자신만의 기질을 발휘하기 시작했다. 그것은 독립심과 상상력, 열정이 뒤섞인 것이었고 결국 나를 키우는 데 있어 기존의 틀을 과감히 벗어나는 방식으로 이어졌다.

마치 복잡계 이론을 직접 연구한 학자처럼 그녀는 내가 그토록 자주 문제아로 낙인찍히고, 실제로 악명을 얻을 만한 행동을 계속하는 것이 분명함에도, 문제를 일으키는 원인이 내 통제 밖에 존재한다는 것을 받아들였다. 세월이 흐르는 동안 어머니는 자신의 양육이 내 행동에 어느 정도까지 영향을 미치는지, 언제 내 주변 환경을 살펴봐야 하는지에 대해 일반적인 부모보다 훨씬 더 배우고 성장하고 분별력을 가져야 했다.

어머니는 적어도 처음 몇 년이 지나고 나서는, 내 행동을 자신의 실패로 받아들이지 않았다. 이 점에서 어머니는 시대를 앞서 간 부모였다고 할 수 있다.

타고나는 것과 길러지는 것

1970년대, 어머니가 가정을 꾸리기 시작했을 무렵만 해도 다름과 어려움을 지닌 아이들의 어머니들은 말 그대로 집중적인 비난의 대상이 되었다. 심리학자들은 설교하듯 다음과 같이 주장했고, 대부분 사람은 그대로 믿었다. 동성애든, 자폐증이든, 정신분열증이든 혹은 동생을 창문에서 밀어 버리는 종류의 행동 문제든 그 주된 원인은 부모, 다시 말해 '어머니'라는 것이었다.

"아이에게 동성애 성향이 있다면 그것은 지나치게 통제적으로 키워서 그런 것이고, 아이가 늘 이상한 행동을 한다면 충분히 훈육하지 않았다는 뜻이었죠." 어머니는 훗날 이렇게 회상했다. "모든 비난이 엄마들에게로 향했어요. 아버지들에겐 아무것도 달라붙지 않았죠. 마치 테플론 코팅이라도 된 것처럼요."

이런 판단은 과학적이지도 않았으며 무자비하기까지 했다. 1950년대 유명한 심리학자이자 작가였던 브루노 베텔하임^{Bruno} ^{Bettelheim}은 집에만 틀어박혀 있는 쌀쌀맞은 '냉장고 어머니'가 아이들의 자폐증을 유발한다는 주장을 퍼뜨리고 다녔다. 베텔하임은 여기서 그치지 않고, 지치고 버거워하는 부모들을 나치 강제수용소의 경계병에 비유하기까지 했다.

20년 뒤 양육에 대한 견해는 정반대 극단으로 치우쳤고, 이로

써 많은 어머니들이 안도의 한숨을 크게 내쉴 수 있었다. 인간의 행동에 미치는 유전적인 영향에 대한 획기적인 연구들이 잇따라 발표된 끝에 새로운 신념, 곧 생물학적 결정론이 힘을 얻기 시작한 것이다. 이 관점은 아이의 미래를 형성하는 데 있어 부모는 아무 영향도 미치지 않는다는 면죄부를 발행했다. 당시 과학자들은 언젠가 난독증에서 ADHD까지 다양한 학습 차이를 유발하는 하나의 유전자를 발견할 것이라는 희망에 사로잡혀 있었다. 물론 진실은 이 두 극단 사이 어딘가에 있을 것이다.

내가 보기에 이런 복잡한 중간 지점을 가장 잘 보여 주는 것은, 동시대 저명한 심리학자 100인 가운데 한 명으로 꼽히는 행동 유전학자 로버트 플로민**Robert Plomin**의 연구다. 그는 약 1만 5천 쌍에 이르는 쌍둥이를 분석한 연구를 통해 이 결론에 도달했다. 학습과 행동의 차이(오늘날 우리가 '장애'라고 부르는 것까지 포함해)에는 어느 하나의 유전자가 직접적인 원인으로 작용하지 않는다. 대신 우리는 기질적으로 다양한 유전자를 가지고 있는데, 그것이 개개인이 처한(플로민은 '비공유된**nonshared**'이라는 용어를 쓴다) 가정환경과 사회적 환경과 접촉하면서 켜지기도 하고 꺼지기도 한다.

그에 따르면 형제자매라 해도 본질적으로 서로 다른 가족 안에서 자란다. 이것이 바로 같은 집에서 자란 아이들이 전혀 다른 어른으로 성장하는 이유다. 플로민은 '타고난 것인가, 길러진 것인가'라는 이분법 대신 '타고나고 길러진 것'이라고 표현한다.

학습과 행동의 차이는 유전적 기질과 환경의 상호작용 결과라는 모델은, 나와 같은 아이를 둔 부모들에게 문제를 만들어 내는 경로에서 벗어날 수 있다는 희망을 준다. 수많은 유전자들이 관여하기에 유전공학이 문제를 해결할 수 없다는 것은 분명하다. 따라서 신경과학과 유전학이 앞으로 개인의 차이를 이해할 수 있는 정보를 계속 주기는 하겠지만, 우리가 해야 하는 일은 환경에 개입하는 데 있다. 부모가 아이를 어떻게 양육하는지, 교사가 아이를 어떻게 가르치는지와 같은 영역이 핵심이라는 뜻이다.

이런 관점이 입증된 사례가 많지만 하나만 이야기해 보겠다. 2004년 런던 킹스칼리지 교수이자 로버트 플로민의 동료인 테리 모핏Terrie Moffitt이 다섯 살 쌍둥이 2,200쌍 이상을 대상으로 조사했다. 이들 중 절반은 ADHD 진단의 흔한 전조로 알려진 저체중 출생 아이들이었다. 모핏과 연구진은 저체중으로 태어난 아이 중에서도 어머니와 더 따뜻하고 애정적인 관계를 맺은 아이들이, 몇 년 뒤 부모와 교사에게 ADHD 증상을 보인다고 평가받을 가능성이 낮다는 사실을 밝혀냈다. 유전적 요인이나 자궁 속 요인으로 인해 ADHD와 같은 특성에 취약하더라도, 수용적이며 긍정적인 환경이 그런 특성이 발현되지 못하도록 막아 준다는 것이다.

『카운슬링과 임상심리학 저널Journal of Counseling and Clinical

Psychology』에 실린 모핏의 논문은 생물학적인 접근 방식에 무게를 두는 연구자들에게 상당한 비난을 받았다. ADHD 전문 정신과 의사 러셀 바클리Russell Barkley는 공개적인 글을 통해 모핏의 실험 방법에 의문을 제기했고, 그 연구가 "모든 것을 어머니 탓으로 돌린다."라며 신랄하게 비판했다.

모핏과 동료들은 그 당시에는 자신들의 연구 결과를 옹호했지만, 더 논쟁을 불러일으키는 것은 도움이 되지 않는다고 판단하고 결국 연구를 중단하기로 했다. 과학자로서 연구가 검열되는 상황을 목격하는 데서 오는 불편함을 차치하더라도 이 점은 매우 안타깝다. 아이가 생물학적으로 그런 기질을 타고났을 경우, 부모가 아이의 환경을 어떻게 조정하고 바꿀 수 있는지를 분명히 알려 주는 것은 부모들에게 꼭 필요한 정보라고 믿기 때문이다.

양육자의 회복을 돕는 환경

어머니는 다행스럽게도 '타고나는 것인가, 길러지는 것인가' 하는 논쟁의 추가 양극단을 왔다 갔다 하는 동안에도 어느 한쪽으로 기울지 않았다. 나를 매섭게 벌하지도, 그렇다고 자신의 권위를 포기하지도 않았다. 대신 숱한 당황스러운 순간과 좌절을 함께 견뎠고, 나의 엉뚱한 행동을 개인적인 공격으로 받아들이지 않았으며, 할 수 있는 한 최선을 다해 나를 이끌어 주려고 애썼다.

나는 어머니에게 종종 물었다. 그 흔들림 없는 자신감이 어디에서 비롯된 것인지. 어머니의 대답에는 신앙에 대한 언급이 빠지지 않는다. "오후에 너희들이 낮잠을 잘 때마다 성경을 읽었단다. 그러면 너희가 잠에서 깰 때쯤 마음이 평화로워졌지!" 신앙은 어머니가 직감을 믿고 따를 수 있도록 확신을 주었고, 직관과 신앙의 결합은 수많은 비판 앞에서도 흔들리지 않는 힘을 주었다.

신앙뿐만 아니라 어머니는 자신을 버티게 해 주는 전통적인 위안의 장치들에 의존하기도 했다. 예컨대 우리가 어릴 때 어머니는 일주일에 세 번씩 새벽 다섯 시 반에 일어나 에어로빅을 배우러 다녔다고 한다. 한 번도 빠진 적이 없으며 그곳에서 운동만 한 것이 아니라 비슷한 처지의 친구들과 만나 이야기를 나눴다.

사회과학자들은 이런 활동이 행복감을 증진하는 데 매우 효과적이라고 말한다. 어머니는 또한 이모 제인에게 일주일에 몇 번씩 전화해 수다를 떨었다. 이는 인간의 활력을 연구하는 브라이언 리틀Brian Little이 말한 '회복을 돕는 환경restorative niches'에 해당하며, 그것이 바로 이후 10여 년 동안 나로 인해 맞닥뜨려야 했던 무수한 심판대에서 어머니가 정신을 잃지 않았던 비밀이다.

- 인간의 특성은 타고난 것과 길러진 것, 어느 하나만의 결과라고 할 수 없다. 두 가지가 복잡하게 작동한 결과다.

- 로젠탈 효과가 보여 주듯 결과는 다른 사람(특히 부모와 교사)의 기대에 따라 극적으로 달라질 수 있다. 명심하라. 아이들의 잠재력을 제한하고 축소하는 딱지를 붙여서는 안 된다.

- ADHD를 비롯한 학습·행동 장애라는 진단은 여전히 정의가 모호하며, 아이를 이해하는 출발점으로 삼을 때 가장 유용하다. 그것은 해결책이 아니라, 아이 고유의 강점과 약점을 파악하고 적절히 지원하기 위한 단서일 뿐이다.

- 자폐증, ADHD 등은 어머니가 유발하는 것이 아니다. 그렇다고 이런 특성이 유전자에 의해서만 결정되는 것도 아니다. 양육을 포함한 아이의 환경은 언제나 미래에 영향을 미친다.

••• TO DO •••

☐ 아이를 계속 안아 주어라.

☐ 호기심이 많고 충동적인 아이를 어린 동생 곁이나 열린 창문 근처, 약물이 있는 곳에 절대 혼자 두지 마라.

☐ 생물학적 결정론에 대한 이야기는 잊어도 좋다. 물론 타고난 기질도 중요하지만, 부모와 교사는 훨씬 더 미묘하고 긍정적이고 중요한 방식으로 아이의 발달에 영향을 미칠 수 있다.

☐ 자신만의 '회복을 돕는 환경'을 꼭 찾아라. 가능하다면 규칙적인 운동과 사교 활동을 포함시키자. 이는 누구에게나 유용하고 '스퀘어 펙' 아이들과 씨름하는 부모들에게 반드시 필요하다.

2장

오해받는 아이의 이면

“우리는 모두 예외적인 존재다.”

_ 알베르 카뮈

스스로 통제가 안 되는 아이

"생각이 있는 거야, 없는 거야?" 집 앞 잔디밭 건너편에서 아버지가 내게 소리쳤다. 불과 1분 전까지만 해도 뜨겁고 습한 평화로운 여름밤이었다. 지금도 그 목소리에 담긴 경악과 분노를 또렷이 기억한다. 뜨거운 수치심이 목덜미를 타고 서서히 기어오르던 감각도 생생하다. 그때 나는 아홉 살이었고, 그 순간은 마치 내 정체성이 봉인되는 순간처럼 느껴졌다. 나는, 앞으로도 영원히, 구제 불능의 '스퀘어 펙'이라는 것 말이다.

우리 가족은 일가친척을 불러 바비큐 파티를 열었다. 열댓 명이 모였던 것 같다. 아이들은 집 주변을 뛰어다니며 모기를 잡았다. 나는 갑자기 지루했고, 순간 분명한 이유도 없이 돌을 집어 들어 지나가는 차를 향해 던졌다.

4년 뒤 악취 폭탄을 던졌을 때처럼, 그날 내가 한 행동에는 정당한 이유가 전혀 없었다. 하지 말았어야 하는 이유는 상당히 많았지만 말이다. 녹슨 색의 자동차 운전자 역시 처음 보는 사람으로, 아버지 또래로 보이는 검은 머리 남자였다. 지금 기억하기로 나는 특별히 어떤 것에 화가 난 상태도 아니었다. 다만 돌을 던지는 것이 내가 반드시 해야 할 일처럼 느껴졌을 뿐이다.

그것이 재미있다고 생각했을지도 모른다. 당시 나는 사람들이 대부분 화를 내는 일에서 웃음을 찾곤 했다. 몇몇 연구 결과에 비추어 말하자면, 어쩌면 필사적으로 자극을 찾고 있었을지도 모른다. 어떤 일이 그다지 좋은 생각이 아니라는 사실을 깨닫고 나서도 좀처럼 그만두지 못했다.

어떤 상황에서는 이런 성급한 행동 방식이 오히려 강점이 될 수도 있다. 예를 들어 운동선수들은 반응 속도를 높이기 위해 일부러 훈련한다. 예술가들 역시 마찬가지다. 무대에서 즉흥적으로 연기를 펼쳐야 하는 사람을 떠올려 보라. 머릿속 브레이크가 지나치게 잘 작동하면 마구 떠오르는 아이디어를 스스로 검열하게 될 것이고, 결코 최고의 순간에 도달하지 못할 것이다.

하지만 후퍼에서는 나의 충동성이 어떠한 혜택도 제공하지 않았다. 사실은 그로 인해 점점 더, 심지어 친척들 사이에서조차 기피 대상이 되었다. 나는 운동선수도, 예술가도 아니었다. 그저 성가신 아이였을 뿐이었다.

예컨대 나는 어머니가 아이스크림을 사 오면 남들이 손대기 전에 모조리 혼자 먹어 치웠다. 또 복도를 막고 서서 남동생들이 지나갈 때마다 가슴을 비틀기도 했다. 가끔은 붙잡은 김에 그들을 바닥에 눕혀 눌러 놓고 입에서 천천히 침을 흘리며 위협했다. 조금이라도 움직이는 순간 침범벅이 되게 말이다.

지금은 네 동생들과 친구처럼 가깝게 지내지만, 가족들이 모일 때면 언제나 내가 그들에게 저지른 온갖 악행에 대해 한두 시간씩 이야기한다. 그중 가장 악명 높은 사건으로는, 어느 겨울밤 동생 더그를 샤워 중에 끌어내, 벌거벗은 채로 집 앞 눈밭에 가둬 버린 것이다. 그 장면은 또렷이 기억나지만 왜 그랬는지는 전혀 기억이 나지 않는다. 어느 여름날에는 동네 공원 미끄럼틀에서 바지를 내리고 오줌을 누면 참 재미있겠다는 생각에 사로잡혔다. 그래서 실행에 옮겼고, 그 결과 나뿐 아니라 우리 집 아이들 모두가 그 공원에 다시는 얼씬도 하지 못하게 되었다.

여기서 말하고 싶은 것은 십 대가 되기도 전에 나는 똑똑하지만 과잉행동을 하는 아이에서 점점 더 인기 없는 골칫거리로 변해 갔다는 점이다. 한때는 무해한 어린 시절의 장난처럼 보이던 것이 어느 순간 고쳐지지 않는 나쁜 성격으로 받아들여지기 시작했다.

내가 '못된 씨앗'이라는 걸 입증하는 데 낯선 사람의 차에 돌을 던진 사건보다 더 확실한 증거가 필요했을까? 이모와 삼촌들은 범죄 현장 주변에 모여 혀를 차며 수군댔고, 연갈색 차의 운전자는 급히 길가에 차를 세운 뒤 헐레벌떡 뛰어내려 조수석 쪽에 새 흠집이 나지 않았는지 자세히 살펴보았다.

아버지의 질문에 대답할 틈도 없이(사실 아무 생각 없이 한 행동인데 무슨 대답을 할 수 있었겠는가?) 어머니의 언니인 베티 이모가[1], 늘 그렇듯 특정한 누군가가 아닌 모두를 향해 말을 던졌다. "그래도 우리 애들은 스스로를 통제할 줄 알거든."

베티 이모에게는 자녀가 몇 명 있었는데 어쨌든 그 말이 틀린 건 아니었다. 내가 기억하는 한 그들은 언제나 나보다 훨씬 얌전했다. 하지만 내가 그녀의 말뜻을 온전히 이해하게 된 건 바로 그 순간이었다. 이전에도 여러 번 암시되어 왔던 메시지, 나는 스스로를 통제하지 못하는 아이라는 사실을, 그때 비로소 완전히 깨달은 것이다. 나는 문제를 일으키고 싶지 않았다. 그런데도 어째서인지 계속해서 문제를 불러오는 행동을 반복하고 있었다.

설상가상으로 사고를 칠 때마다 억지를 부리는 경향이 강해졌다. 그날도 그랬다. 돌을 던진 것에 대해 잘못을 뉘우치기보다 아버지를 향해 돌아서서 태연하게 말했다. "사실은 창문을 맞추려고 했어요. 빗맞았을 뿐인데요."

베티 이모는 어머니를 향해 눈썹을 치켜올렸고, 차 주인은 씩씩거리며 아버지를 향해 걸어왔다. "댁의 자녀는 비행 청소년입니다." 그는 이렇게 내뱉고는 곧바로 차에 올라타 가 버렸다.

이 이야기를 들은 사람이라면 내가 말썽꾸러기인 데다가 그다지 영리하지도 않으며, 더 나아가 스스로를 망치려 드는 아이라고 생각하게 되었을지도 모른다. 충분히 그럴 만하다. 도대체 무엇이 한 소년으로 하여금 스스로 세상의 부정적인 평가를 불러들이게 만들었을까?

단기 기억 능력 최하위 2퍼센트

나의 나쁜 태도를 이해할 수 있게 된 것은 오랜 시간이 지난 뒤지만, 어쨌든 내가 깨달은 사실을 이야기하자면 이렇다. 나는 겁을 먹었다. 처벌에 대한 두려움보다 베티 이모가 내뱉은 말 속에 들어 있는 진실을 부인할 수 없다는 사실에 대한 두려움이었다. 나는 정말 내 손을 통제할 수 없었다. 아무 생각이 없었다. 베티 이모의 말이 사실이라면, 학교에서 아이들이 나를 놀릴 때 쓰던 머저리, 멍청이 같은 끔찍한 말들이 정말 내가 되는 것이었다.

물론 그런 놀림을 받을 만한 이유가 있긴 했다. 나는 실추된 명예를 씻기 위해 노력하기는커녕 오히려 부추겼다. 예컨대 고등학교 1학년 때에는 농구 경기에서 우리 팀이 아닌 상대 팀 결승골을 내가 넣기도 했다. 아마 그 일은 평생을 따라다닐 것이다. 그 사건은 내가 끊임없이 일으켰던 기묘한 일들 가운데 가장 극적인 사례에 불과하다.

나는 거의 매일, 때로는 하루에도 몇 번씩 나중에 후회할 일을 저질렀다. 교실에서는 특히 그랬다. 늘 엉뚱하거나 맥락과 상관없는 말, 쓸데없는 농담을 불쑥불쑥 내뱉었다. 선생님은 물론 친구들 모두에게 성가신 행동이었다.

훨씬 나중에야 나는 내가 충동적일 뿐만 아니라 '작업 기억'이라고도 하는 단기 기억 능력이 떨어진다는 사실을 알게 되었다.[2] 밝혀진 바에 따르면 작업 기억은 어떤 일을 하는 동안 머릿속에 정보를 일시적으로 보관하는 능력으로, 우리가 살아가는 데 매우 중요한 역할을 한다. 연구에 따르면 이 능력은 학업성적을 예상하는 가장 중요한 지표가 된다. 간단한 곱셈을 할 때도 정보를 잠시 머릿속에 보관해야 한다는 것을 떠올려 보면 쉽게 이해될 것이다. 나중에 테스트를 해 본 결과, 실제로 나는 전체 미국인 중 작업 기억 능력이 최하위 2퍼센트 수준에 해당되었다.

떨어지는 작업 기억 능력은 학교에 들어갔을 때부터 나를 잘못된 길로 이끌었고, 나는 한동안 그 길에서 벗어나지 못했다. 하지만 오늘날 나는 그것이 학업에서 그토록 큰 비중을 차지할 필요가 없다고 확신한다. 사람들의 작업 기억 능력이 얼마나 다양한지 이해하지 못한 채, 오늘날 학교는 아이들에게 불필요한 장애물을 넘도록 끊임없이 강요하고 있기 때문이다. 마치 학생들에게 교실 사이를 이동할 때 외발자전거를 타라고 요구하는 것과 다를 바 없다. 이런 환경에서는 수학적 재능이 싹트는 천재적인 아이일지라도, 몸의 균형을 잡지 못해 교실에 도착조차 하지 못하고 자신의 능력을 보여 줄 기회도 얻지 못할 것이다.

물론 실제로 그런 제도를 도입하려는 교사는 없을 것이다. 하지만 많은 교실에서 그에 상응하는 요구가 존재한다. 애초에 없는 문제를 만들어 내는 불필요한 규칙들이 아이들에게 주어지는 것이다. 참으로 안타까운 일이다. 학교는 몇 가지 간단한 변화만으로도 이런 '인지적 외발자전거'를 없애고, 아이들의 소중한 기억 자원을 더 이상 낭비하지 않도록 할 수 있다.

쉽게 적용할 수 있는 실천법을 한 가지 제시하자면, 수업 일정과 현재 진행하는 수업의 목적을 항상 칠판에 적어 두는 것이다. 그러면 학생들이 기억해야 하는 정보의 양을 줄여 줄 수 있다. 또 다른 방법으로는 비용이 들기는 하겠지만 교과서를 두 권씩 나눠 주는 것이다. 한 권은 집에 두고 나머지 한 권은 학교에 두도록 해 책을 챙겨서 왔다 갔다 할 필요가 없게 만드는 것이다. 교사들은 또한 여러 단계를 한꺼번에 지시하는 것을 피할 수 있다(책을 꺼내고, 43쪽을 펴서, 'ㅇㅇ'로 시작하는 문단에 밑줄을 치세요).

작업 기억이 나쁘면 학업성적뿐만 아니라 사회적 관계에도 심각한 영향을 미칠 수 있다. 나는 대화의 흐름을 따라가는 기본적인 기술도 매우 미숙하다. 사람들이 하는 말에 귀 기울이면서 내가 말하고 싶은 것을 기억해야 하기 때문이다. 그래서 생각난 말을 잊어버릴지도 모른다는 불안감에, 가끔은 상대방을 전혀 배려하지 않는 것처럼 불쑥불쑥 생각을 내뱉는 경우가 많다. 이 때문에 수업 시간에도 학생들이나 선생님의 말을 가로막고 전혀 상관 없는 이야기를 내뱉은 것이다.

작업 기억의 어려움은 나를 자주 신뢰할 수 없는 사람으로 만들었고, 나에 대한 사람들의 믿음을 거듭 저버리게 만들었다. 새 친구를 사귀어도 상대방에 대한 중요한 사실을 자꾸 잊어버려 무심한 사람처럼 보이기도 했다. 몇 시간씩 숙제를 하고도 깜빡하고 그것을 집에 놓고 갔다. 과제물, 현장학습 동의서, 스웨터, 체육복, 도시락을 무수히 잃어버렸다. 이런 물건들을 다시 마련할 여유가 거의 없던 부모님은 인내심을 잃어 갔다.

충동적인 행동을 하거나 무언가를 깜빡한 것이 현장에서 바로 들키지 않을 때면, 나는 얼마나 많은 거짓말을 해야 하든 흔적을 감추려고 애썼다. 하지만 어느 순간, 어쩌면 지나가는 차에 돌을 던진 그날 밤, 나는 결심했다. 내가 저지른 온갖 실수와 잘못을 모두 내가 '의도적으로' 한 일로 받아들이겠다고. 사람들에게 동정과 배제를 받는 것보다는 분노나 심지어 경멸을 받는 것이 훨씬 견딜 만하다는 단순한 이유 때문이었다. 무법자를 연기하는 것은 적어도 내가 통제력을 가지고 있다는 느낌을 주었다.

나쁜 행동을 선택한 이유

한참 뒤 학교에서 심리학을 공부한 다음에야 당시 내 선택에 담겨 있던 역설적인 지혜를 이해하게 되었다. 선택지가 거의 없다고 느껴졌던 상황을 고려하면 말이다. 아홉 살 무렵의 나는 이미 스스로를 만성적인 실패자처럼 느끼고 있었으며 내 행동을 통제해 본 경험이 거의 없었다.

나는 결국 심리학자들이 '학습된 무기력learned helplessness'이라고 부르는 심리적 덫에 빠지기 직전까지 가 있었다.[3] 이런 상황은 책의 서두에서 이야기한 부정적인 피드백 루프의 뼈아픈 사례이기도 하다. 부정적인 결과가 또 다른 부정적인 반응을 낳고, 그 반응이 다시 처음 결과로 이어지는 식으로 고통스러운 악순환이 반복되며 결국 연쇄적인 문제들을 불러오는 구조다. 이에 대해서는 앞으로의 장들에서 더 자세히 이야기할 것이다.

학습된 무기력에 대한 지금의 방대한 연구는 1960년대에 시작되었다. 당시 펜실베이니아 대학교의 심리학자 마틴 셀리그먼 **Martin Seligman**은 개를 대상으로 일련의 실험을 진행했다. 그중 한 실험에서 그는 고통스러운 전기 충격을 받는 두 집단의 개들을 살펴보았다. 한 집단의 개들은 레버를 누르면 충격을 멈출 수 있었지만, 다른 집단은 레버를 눌러도 전기 충격이 계속되도록 했다. 결과는 분명했다. 자신의 경험을 통제할 수 있던 개들은 지속적인 심리적 손상을 입지 않은 반면, 무력했던 개들은 수동적으로 변해갔다. 그들은 두 발짝만 움직이면 충격을 피할 수 있었음에도, 전기가 흐르는 바닥에 그대로 누워 있었다.

셀리그먼은 우울증에 걸린 사람들이 자신의 환경에 대해 점점 더 많은 통제력을 행사한다면 과거의 경험을 되돌리는 데 도움이 될 수 있다고 제안했다. 그의 결론을 뒷받침하는 다양한 연구들이 나오면서 그는 메시지를 한층 더 확장해 부모들에게 조언했다. 아이들이 세상에 영향을 미칠 힘이 있다는 것을 일찍 체험하는 것은, 훗날 우울증에 걸릴 위험으로부터 아이를 보호하는 일종의 예방접종이 될 수 있다는 것이다.

이러한 연구의 흐름과 나의 어릴 적 경험을 종합해 보면, 많은 아이가 무력감에 굴복하기보다는 나쁜 행동을 선택하는 현상이 사실 건강한 생존 전략일 수 있겠다는 확신을 하게 되었다. 어른들이 아이의 그러한 심리를 이해할 수 있다면, 우리는 아이를 덜 판단하면서 더 많은 도움을 줄 수 있을 것이다.

아이의 나쁜 행동을 모른 척해야 한다고 말하는 것이 아니다. 그래서는 안 된다. 하지만 그런 행동을 단기적으로 처벌하는 것은 왜 그런 행동을 하는지 이해하고 하는 대응보다 결코 효과적일 수 없다. 안타깝게도 현실에서는 커져 가는 무력감에 맞서려는 아이들의 서툰 시도가 대부분 오해받고, 그저 처벌받는다.

바비큐 파티에서 내가 주인공으로 떠오른 뒤 몇 주 동안, 베티 이모는 어머니에게 나를 정신과에 데려가라고 집요하게 설득했다. "꼭 그래야 한다는 건 아니지만, 진지하게 생각해 보라고. 토드가 그런 아이가 된 게 본인 잘못만은 아닐 수도 있잖아."

이것이 나쁜 생각은 아니었지만, 어머니는 그 말을 머릿속에서 떨치기 위해 노력했다. 우선 이모의 말은 도움을 줄 의도라기보다는 아픈 상처에 소금을 뿌리는 식에 가까웠다. 그와 별개로 당시 어머니는 치료를 감당할 경제적 여유가 없었다. 하지만 몇 년 뒤 내가 중학교에 진학하고, 늘어나는 숙제와 사회적 압박을 감당하지 못하는 것을 목격한 어머니는 돈과 정보를 모으기 시작했다. 내가 진단받을 만한 수준인지 확인해 보고 싶었던 것이다.

내 입장에서 보면 내 행동은 이해하기 어려운 것이 아니었다. 나는 그저 사람들이 나에게 못되게 군다고 느껴 나름대로 합리적으로 반응했을 뿐이다. 당연히 내가 더 나쁘게 행동할수록 그들도 더욱 못되게 굴었다.

이를테면 동생들은 나를 자극하는 방법을 터득하고 있었다. 그들은 어머니가 보지 않는 곳에서 나를 "두꺼비"라거나 "바보"라고 놀렸다. 내가 곧장 달려들면 그들은 울음을 터뜨렸으며, 결국 나만 혼이 났다. 그들은 그것이 정당하다고 느꼈다. 내가 자신들을 괴롭혔을 뿐만 아니라, 나로 인해 그들까지 동네 수영장, 공원, 파티에 출입 금지를 당했기 때문이다.

다시 말해 집 또한 나에게 완전한 안식처는 아니었다. 하지만 학교는 그보다 훨씬 더 힘들었다. 6학년이 되었을 때 나는 친구를 모두 잃었고 점심시간마다 아무도 내 옆에 앉지 않는 굴욕을 견뎌야 했다. 아이들은 나를 놀렸고, 교사들은 내가 수업을 방해하고 지시를 따르지 않는다며 끊임없이 잔소리했다.

지금 돌아보면 내 잘못이 분명했던 순간도 있었고, 반대로 내가 명백히 부당한 대우를 받았던 순간들도 있었던 것 같다. 하지만 그런 극단적인 경우는 예외에 가까웠다. 대부분 시간 동안 나는 미묘한 신호를 놓치고 지시를 오해했을 것이다. 그 결과 사람들은 나를 무례하고 고집 세고 게으른 아이로 여겼다. 다른 이들이 나를 악당으로 생각하는 것과는 별개로, 왜 내가 이런 인상을 주는지 전혀 몰랐던 나는 스스로를 피해자라고 느꼈다.

신경심리학적 평가

나와 같은 아이가 교실에서 몇 시간 동안 가만히 앉아 공부만 하는 것이 얼마나 어려운 일인지 눈치챘을 것이다. 그 추측은 정확하다. 성인이 된 지금도 나는 영화관에서 예고편이 시작되기 전 몇 분의 정적조차 참을 수 없이 고통스럽다. 하지만 이것은 교실에 만연한 영혼을 짓누르는 지루함에 비하면 아무것도 아니다.

어른이 된 우리는 교실에서 선생님이 시험지를 나눠 주거나, 다른 학생과 일대일로 이야기하는 동안 가만히 앉아 있는 시간이 얼마나 지루했는지 잘 기억하지 못한다. 하지만 때로는 그때 기억을 강하게 상기하게 된다. 교육 개혁가이자 작가인 제프리 윌헬름Jeffrey Wilhelm은 미국 공립 고등학교에서 학업성적이 좋은 학생, 평균적인 학생, 학업에 어려움을 겪는 학생 등 서로 다른 배경의 학생 52명을 추적했다. 그는 지루함을 "교육에서 과소 평가된 힘"이라 불렀으며 학교 폭력에서 중퇴에 이르기까지 모든 문제의 원인이라고 결론지었다.[4]

지금도 대다수의 학교는 여전히 구식 모델을 따른다. 교사가 교실 앞에 서고, 학생들은 책상을 가지런히 맞춰 앉아 교과서를 편 채 수업을 듣는 방식이다. 작가이자 전직 심리치료사인 톰 하트만Thom Hartmann이 지루함을 조금도 참지 못하는 ADHD를 '상황

장애context disorder'라고 부른 것은 바로 이 때문이다.[5] 내가 보기에 이것은 진실에 가깝다.

시골 학교에서, 더욱이 내가 학교를 다니던 시절에 이런 순응 모델에 의문을 던진 사람은 없었다. 내가 왼손잡이라는 단순한 사실도 엄격하게 원칙만 따지는 몇몇 초등학교 교사들은 말 그대로 '사탄적인' 것으로 받아들였다.

나는 교실에 앉아 있는 것과 교회에 앉아 있는 것 사이에서 별다른 차이를 느끼지 못했다. 두 곳 모두 책임을 맡은 어른에게 절대적인 권위를 부여한다. 두 곳 모두 '성스러운 책'을 놓고 명상을 하며 조용히 앉아 있어야 한다(하버드 대학교의 커트 피셔는 교과서를 '성스러운 책holy book'이라고 일컫는다). 그리고 두 공간에서 아무리 스스로를 통제하려고 애써도 결국 나는, 계속해서 그 평온을 깨뜨리는 존재가 되고 말았다.

나의 동료인 인지과학자 데이비드 로즈David Rose는 이와 같은 모든 이유로, 지루한 학교는 집중 시간이 짧고 지루함을 견디는 데 취약한 아이들에게 최악의 환경이라고 말한다. "우리는 그들을 교육하지 못할 뿐만 아니라 오히려 훼손하고 있습니다."

우리는 수많은 아이에게 그들의 생리와 타고난 본성을 학교라는 엄격한 환경에 맞게 바꾸라는 메시지를 보낸다. 나에게 처음으로 ADHD 진단을 내린 소아과 의사는, 당시에도 지금도 과잉 활동적인 '스퀘어 팩' 아이들에게 흔히 처방되는 치료제인 리탈린을 처방했다. 나는 그 후 3년 동안 리탈린을 불규칙적으로 복용했다. 처음에는 효과를 보기도 했다. 중학교 1학년 1학기 동안 약을 복용했을 때, 나는 처음으로 A 학점을 받고 선생님에게 칭찬을 받았다. 하지만 약을 끊을 때마다 성적이 떨어졌고 선생님의 꾸지람도 다시 시작되었다.

리탈린이 효과가 있다는 것은 분명히 알았지만, 그렇다고 그 약을 좋아할 수는 없었다.[6] 불면증은 갈수록 심해졌으며 식욕도 다소 떨어졌다. 무엇보다도 이 약 없이는 내가 '정상'이 되지 못한다는 느낌이 참기 힘들었다. 그래서 약을 먹는 척하면서 버린 적이 한두 번이 아니다. 특히 2학년 연극 수업에서 겪은 굴욕적인 순간 후로는 더 그랬다. 선생님이 교실에서 "제발 좀, 토드. 오늘 약 안 먹었니?"라고 소리쳤다. 실제로 나는 약을 먹지 않았다.

내가 열여섯 살이 되었을 때 어머니는 1990년 당시로서는 선구적인 결단과 실행력을 보여 주었다. 솔트레이크시티에 있는 심리학자 샘 골드스타인Sam Goldstein에게 나를 데려가 신경심리학적 평가를 받게 한 것이다. 그는 몇 시간 동안 검사와 면담을 진행해 ADHD라는 초기 진단을 확인해 주었다. 무엇보다도 어머니가 당황스러운 나의 행동에 대해 더 깊이 이해할 수 있도록 도왔다.

예컨대 골드스타인은 학교 교사 세 명에게 설문지를 보내 내가 리탈린을 먹었을 때와 먹지 않았을 때 어떻게 행동이 달라지는지 관찰해서 기록해 달라고 했다. 그들은 모두 내가 리탈린을 먹었을 때는 멀쩡하다고 평가했다. 하지만 약을 먹지 않았을 경우엔 과잉행동 지수가 상위 2퍼센트에 해당할 정도라고 하며 이렇게 적었다. "조금도 가만있지 못함, 예측할 수 없는 행동, 산만함, 주의력 결핍, 주변 사람을 방해함, 쉽게 흥분함, 충동적임, 일을 완수하지 못함, 쉽게 좌절함." 나는 그야말로 심각한 상태였다.

어머니와 내가 증상이 나열된 항목에 체크한 설문지를 보며 30분 만에 모든 진단을 마쳤던 소아과 의사와 달리, 골드스타인은 나의 장점과 약점을 자세하게 적은 10페이지짜리 보고서를 어머니에게 주었다. 무엇보다도 그는, 말을 통해 드러나는 나의 IQ와 학업성적 사이에 14점 정도 차이가 난다는 것을 발견했다(이는 나 같은 아이에게서 공통적으로 나타나는 현상이다). 무언가 중간에서 방해를 하고 있던 것이다. 골드스타인은 주의력결핍과 그로 인한 불안이 겹쳐지면서 어느 정도 영향을 미친 것이라고 말했다.

학습 및 행동 차이에 대한 인식이 높아지면서, 이러한 신경심리학적 정밀 진단은 학습에 어려움이 의심되는 아이를 둔 부모들에게 점점 더 흔한 단계가 되어 갔다. 하지만 많은 부모가 이런 진단을 받지 못하는 것은 비싸기 때문이다. 원칙적으로 학교는 아이가 학습의 어려움으로 힘들어한다고 볼 만한 타당한 이유가 있다면 철저한 검사를 제공해야 한다. 하지만 어머니는 그 비용을 학교에 청구할 생각은 꿈도 꾸지 못했다.[7] 거절당할 거라고 여겼기 때문이다.

그럼에도 훗날 어머니는, 비싸긴 했지만 그것을 통해 충분히 가치 있는 정보를 얻었다고 내게 말했다. 그 정보 덕분에 이후 교사든, 가족이든, 뭐든 다 안다는 이웃이든 누군가 내 문제를 나쁜 인성 탓으로 돌릴 때마다 당당히 맞설 수 있었기 때문이다.

유전적 성향과 환경의 중요성을 깨닫다

최근에야 안 사실이지만 어머니는 어떤 도움이든 절실한 상황이었다. 물론 말썽을 일으키는 '스퀘어 펙'이 후퍼에 나만 있는 것은 아니었겠지만, 그런 아이의 어머니들은 대개 속내를 털어놓지 않았다. 집안의 치부를 드러내는 일처럼 여겨졌고, 본인 책임인 것 같은 실패를 스스로 광고하는 것처럼 느껴졌기 때문이다.

그 시기 다른 지역에서는 학습 차이로 인해 학교 제도와 충돌하는 아이들의 부모들이 모여 모임을 형성하기 시작했다. 예컨대 CHADD(주의력결핍 과잉행동장애를 지닌 아동과 성인을 위한 단체)는 1987년 플로리다에서 창립총회를 열고, 이후 10년 동안 전국에서 수천 명의 회원을 모았다. 1980년대 어머니가 힘겨운 시간을 버텨 내는 동안 후퍼에도 그런 단체가 있었다면 얼마나 좋았을까.

어머니는 훗날 말했다. "누군가 '당신이 겪는 일을 다 이해하지는 못하지만 내가 어떻게 도울 수 있을까요?'라고 물어봐 줬다면 나는 무릎을 꿇고서라도 고마워했을 거야." 학교에서도 누군가 "같이 방법을 찾아 봅시다. 우리가 이 아이를 도울 수 있는 게 뭘까요?"라고 말해 주었다면 좋았을 것이다. 어머니는 덧붙여 말했다. "모두가 내가 뭘 해야 하는지에 대해선 한마디씩 했지만 저런 말을 한 사람은 없었어. 저런 말 한마디만 해 줬어도 나는 기뻐서 펄쩍 뛰었을 거야."

공감의 부족도 문제였지만 유용한 데이터가 없는 것도 문제였다. 대다수 소아과 의사가 ADHD나 학습 문제의 특성에 대해 거의 아는 것이 없었을 뿐만 아니라, 그런 아이들을 돕기 위해 무엇을 해야 하는지도 몰랐다. 최초의 인터넷 브라우저 넷스케이프가 출시된 것도 1995년이었고, 이런 문제를 제대로 다루는 웹사이트들이 등장하기까지는 그로부터 몇 년을 더 기다려야 했다.

그런 상황에서도 굳건히 혼자 힘으로 공부한 어머니의 모습은 더욱 인상적이다. 사실 나는 어머니가 배움의 과정 자체를 꽤 즐기고 있었다고 확신한다. 나에 대한 것뿐만 아니라 가족과 자신에 대해서까지 알아 가는 일이었기 때문이다. 골드스타인과 대화를 나누면서 어머니는 ADHD의 특성 역시 다른 많은 기본적인 반응 양식과 마찬가지로 특정 행동에 취약해지게 만드는 유전적인 성향에서 시작되며, 이후 아이가 놓인 환경에 의해 나타난다는 것을 처음으로 이해하게 되었다.

어머니는 문득 그 유전적 기질을 자신의 가계도 전체에서 보았다. 가장 극적인 사례는 바로 큰오빠 밥이었다. 그는 수업을 모두 낙제했을 뿐 아니라 술을 마시고 담배를 피우며 밤늦도록 거리를 돌아다니는 말썽꾼이었고, 마침내 교회에 침입해 절도죄로 소년원까지 가게 되었다. 하지만 몇 년 뒤 장거리 트럭 운전사로 일하며 행복을 찾았다. 어머니는 그 사실을 아무리 '스퀘어 펙'이라고 하더라도 자신에게 맞는 환경을 만나면 자리 잡을 수 있다는 희망의 신호로 받아들였다.

더 나아가 어머니는 새로운 관점으로 자신의 삶도 되돌아보았다. 그 과정에서 자신과 내가 그리 다르지 않다는 사실을 깨달았다. 나처럼 어머니 역시 쉽게 지루해하고 이국적인 장소를 찾아 떠나는 모험을 좋아했다. 조금만 오래 앉아 있으면 자신도 모르게 발을 떨었고, 나와 달리 독실한 모르몬교 신자이긴 했지만 의심하지 않고 순종하는 사람은 아니었다.

예컨대 후퍼에서 내가 고등학교를 다니던 시절, 어머니는 동네에 악취를 퍼뜨리던 새 양돈장 건설에 유일하게 공개적으로 반대하며 지역사회에 이름을 알렸다. 이 존엄한 조직에 속한 다른 동료들과 달리, 어머니는 그 농장이 유력한 모르몬 지도자의 소유라는 사실이 중요하지 않았다. 어머니에게 중요한 것은 악취 나는 사업이 지역 규정을 위반했다는 사실이었다. 어머니는 끝까지 문제를 파고들었고 결국 그 농장은 문을 닫았다. 그 과정에서 어머니 사진이 지역신문에 실리기도 하고 농장주의 수많은 지지자들 사이에서 적이 되기도 했지만, 그 일을 꽤 즐기는 듯 보였다.

마찬가지로 적어도 어떤 순간에는 나를 오해한 어른들과 맞서 싸우는 일에서 작은 전율 같은 것을 느꼈을지도 모른다.

모두를 위한 교육

어머니가 학습 차이의 특성과 그런 아이들을 양육하는 법에 대해 공부하는 동안, 느리기는 했지만 사회적으로도 이에 대한 인식이 높아지고 있었다. 상당 부분은 연이어 벌어진 학부모들의 소송과 연방 입법에 의해 강제된 것으로, 이로써 적어도 일부 부모는 학교에 더 많은 것을 기대할 수 있게 되었다.

변화는 가장 심각한 부당함을 바로잡는 일에서 시작되었다. 20세기 대부분의 기간 동안, 시각·청각 장애가 있거나 '정서 장애’, ‘지적 장애’가 있는 아동들은 공립학교에서 명시적으로 배제되었다. 그 결과 약 백만 명에 이르는 아이들이(사실상 약간의 지원만 있어도 일반 학교에서 충분히 배울 수 있는 아이들 다수가) 무상 교육을 전혀 받지 못했다. 또 다른 약 350만 명은 열악한 학교에 격리되어 있었다.[8]

하지만 1970년대에 들어서면서 연방 입법은 신체적, 정신적으로 장애가 있는 학생들을 일반 교육 환경으로 통합하는 이른바 ‘주류화’의 길을 트기 시작했다. 이 정책은 1990년 의회가 장애인 교육법을 통과시키면서 공식적으로 채택되었다. 이 법은 7년 뒤 개정을 통해 모든 아동이 최대한 덜 제한적인 환경에서 무상으로 적절한 교육을 받을 수 있는 권리를 보장했다.

오늘날 미국에서는 수백만 아이들이 여러 입법에 따라 어떤 형태로든 교육 지원을 받고 있다. 지원의 범위도 다양하다. 특수교육에 대한 교사 연수부터 도움이 필요한 학생에게 보조 인력을 배치하는 것, 공립학교에서 무상으로 적절한 교육을 받을 수 없는 아이들을 위해 사립학교 학비를 지원하는 것까지 포함된다. 때로는 학습에 어려움이 있는 아이들에게 시험 시간을 더 주는 것처럼 비교적 사소해 보이는 조정도 여기에 해당된다.

우리 사회가 불과 30여 년 만에 이처럼 변화한 모습을 보면서, 또 오늘날 학교에서 아이들이 누리는 혜택이 커진 것을 보면서 나는 감격한다. 그렇지만 여전히 뿌리 깊이 남아 있는 무지함에 놀라기도 한다. 아직도 학습 장애가 '가정환경의 산물'이라고 생각하는 사람들이 있는 것이다. 여전히 갈 길이 멀다.

학습 차이에 관한 대중의 무지가 여전히 만연한 것을 고려할 때, 20년 전 유타의 시골에서 어머니가 처한 상황은 어땠을까? 상상만 해도 몸서리가 난다. 어머니는 늘 나에게 관심이 없는 게 분명한 사람들의 노골적인 비판을 견디는 것보다, 나를 돕겠다고 하는 사람들의 조언을 막는 일이 훨씬 어려웠다고 말한다.

예컨대 할머니는 리탈린을 '자연적인 것이 아니'라면서 강하게 반대하며 유타에 기반을 둔 공장에서 만든 허브밀크셰이크를 먹으면 나아질 거라고 고집했다. 어머니는 결국 할머니를 꺾지 못했고, 나는 몇 달 동안 끔찍한 밀크셰이크를 마셔야 했다. 그러다 그것이 내 행동을 전혀 바꾸지 못한다는 사실이 분명해지면서 그 실험은 끝이 났다. 몇 년 뒤 우리는, 밀크셰이크를 만든 공장이 중국에서 살모넬라균에 감염된 콩을 수입한 것으로 밝혀져 폐쇄 명령을 받았다는 사실을 알게 되었다.

이처럼 시어머니의 간섭을 막아 내는 것만으로도 어머니에게는 충분히 고된 일이었다. 그에 더해, 자신이 동의하지 않았던 아버지의 양육 방식까지 계속해서 거슬러야 했다. 그 일은 현실적으로 쉽지 않았다.

체벌의 결과

아버지는 늘 나를 사랑했다. 심지어 어릴 적 내가 가장 어두웠던 시기에도 마찬가지였다. 하지만 안타깝게도 그 당시에는 그런 아버지의 마음을 이해하지 못할 때도 많았다. 물론 내가 걷잡을 수 없는 청소년기를 지나던 내내, 아버지는 심해지는 스트레스와 녹록지 않은 현실 속에서도 가족을 위해 최선을 다했다. 야간대학을 졸업한 아버지는 할아버지가 운영하던 정비소에서 일하며 시간당 약 10달러를 벌었다. 그가 거의 매일 저녁 늦게까지 일했던 이유는 그렇게 해야만 생계를 유지할 수 있었기 때문이었다.

근심과 피로와 온갖 기름으로 얼룩진 채 아버지는 밤 늦게야 집에 돌아오곤 했다. 그러면 어김없이 내가 또 낙제했다는 이야기, 지갑에서 돈을 훔쳤다는 이야기, 동생들을 못살게 군다는 이야기, 이웃집 현관에 불붙인 배설물 봉지를 놓고 와 불운한 이웃이 발로 불을 끄게 만들었다는 이야기까지 온갖 소식을 듣게 되었다.

그런 이야기를 들으며 아버지는 당연히 나의 미래가 어둡고 힘들 것이라고 여겼다. 한 인터뷰에서 그는 이렇게 말했다. "토드가 영리하다는 건 알고 있었죠. 그래서 영리한 범죄자가 될 거라고 생각했어요." 내 인생의 명언이자, 내가 수년간 아버지를 놀릴 때마다 써먹는 문장이기도 하다.

어머니가 나를 의사에게 데리고 갈 때 아버지는 한 번도 따라가지 않았다. 일하거나 학교에 다니느라 바빴기 때문이기도 하지만, 나를 치료해야 할 환자라고 생각하지 않았기 때문이다. 내 행동에 대한 그의 진단은 간단했다. 나는 막 싹이 트기 시작한 비행 청소년일 뿐이었고, 말 그대로 더 강한 훈육이 필요하다고 보았다. 이런 두려움은 원래 온화한 사람이었던 아버지가 할아버지의 양육 방식을 따라 하게 만들었다. 그 방식은 격려나 조언을 건네기보다는 소리치고 체벌하는 것이었다.

하지만 어머니에게 신체적 처벌은 바람직한 해결책으로 보이지 않았고, 어머니는 생각을 굽히지 않았다. 아버지는 어머니가 '오냐오냐' 키우고 한계를 분명하게 설정하지 않는다며 비난했고, 이러한 의견 차이는 계속해서 부부 싸움의 빌미가 되었다.

어머니가 이 싸움에서 늘 이긴 것은 아니지만 결코 물러서지도 않았다. 어머니는 양육 강좌를 수강했고, 학습 차이에 대한 책이라면 뭐든지 구해서 읽었다. 그런 공부를 바탕으로 나에게 비판과 처벌보다는 더 많은 격려가 필요하다는 확신을 갖게 되었다. 많은 시간이 흐른 뒤 어머니는 이렇게 회상했다. "토드는 속으로 무너지고 있었어요. 한동안은 그걸 알아차리지 못했죠. 하지만 마침내 이 아이가 어떤 이유로든 위협을 받아서는 안 된다고 생각했어요. 적어도 내가 아이를 대하는 방식은 바꿔야 했지요."

어른이 된 뒤에야 이러한 신념을 지키고자 했던 어머니의 노력이 얼마나 어려운 것이었는지 진정으로 깨달았다. 예나 지금이나 의지가 강한 사람이지만 아버지의 훈육 방식을 거스르는 일이 결코 쉬웠을 리 없었다. 특히 당시 체벌이 널리 받아들여지고 있었다는 점을 고려하면 더욱 그렇다. 그러나 연구 결과들은 일상적으로 아이를, 특히 나와 같은 아이를 체벌하는 것은 효과가 없을 뿐 아니라 역효과를 초래한다는 사실을 분명하게 보여 준다.[9]

아이를 키울 때 체벌의 유혹에 넘어가기는 쉽다. 적어도 그 순간에는 아이를 가르치고 통제하며, 아이에게 누가 주도권을 쥐고 있는지 분명히 보여 준다는 느낌을 받는다. 일부 연구는 타이밍, 강도, 지속 시간 등이 정밀하게 통제되는 조건에서는 체벌이 효과가 있을 수도 있다고 말한다. 하지만 격앙된 상황에서 이런 변수들을 통제할 수 있는 부모가 어디 있겠는가? 실제 아이들이 겪는 것은 분노 속에서 가해지는 체벌일 뿐이며, 이는 아이의 행동에 긍정적인 변화를 가져다주지 못한다. 어머니 역시 체벌이 나를 나아지게 한 적은 단 한 번도 없었고, 그것은 다만 아버지의 두려움과 좌절을 배출하는 통로에 불과하다는 것을 깨달았다.

이와 함께 알아야 할 사실은, 아이를 때려서 키우는 방식에 오랜 시간 의존하는 경우 체벌 효과는 꾸준히 줄어들 뿐 아니라, 심리학에서 말하는 '회피 행동'으로 이어진다는 것이다. 인간이나 모든 동물은 본능적으로 고통을 피하려 하고, 더 나아가 고통을 유발하는 사람이나 그런 상황 자체를 멀리하게 된다. 안타깝게도 아버지의 양육 방식은 내가 그를 가장 필요로 했던 그 시기에, 아버지에게서 점점 멀어지게 만들었다.

체벌은 단순히 관계를 망가뜨리는 데서 그치지 않는다. 반복적인 체벌은 아이의 뇌에 장기적인 손상을 입힐 수 있다. 또한 스트레스 호르몬을 과도하게 분비시켜 사회적 인지, 자기 인식, 작업 기억과 같은 중요한 기능에 관여하는 뇌 구조에 변화를 유발할 수 있다. 지속적인 폭력은 아이를 더 공격적으로 만들고 자기 통제 능력을 약화시키기도 한다. 아이러니하게도 많은 아이가 바로 충동성이나 통제력 부족 때문에 처벌받는다는 점을 떠올리면, 참으로 마음 아픈 부정적 피드백 루프가 아닐 수 없다.

체벌은 지나가는 차에 돌을 던지거나 숙제를 깜빡하는 것처럼 애초에 아이가 통제할 수 없는 충동적이고 건망증적인 행동을 억제하는 데 전혀 효과적이지 않다. 물론 아이들이 나쁜 행동을 해도 신경 쓰지 말라고 이야기하는 것은 아니다. 다만 체벌이 얼마나 자주 자기파괴적인 결과로 이어지는지를 무수한 연구들이 입증하고 있다는 것을 명심하기 바란다. 솔직히 말해 그 시절의 나를 벽에 묶어 놓고 채찍질했다고 해도, 내가 저지른 대부분의 어리석은 행동을 막을 수는 없었을 것이다.

조건 없는 지지 전략

현대의 연구자들이라면 충분히 예측했을 결과겠지만, 나는 중학교에 입학할 무렵에는 아버지를 무서워하게 되었고 가능한 한 그를 피하기 위해 노력했다. 또한 아버지가 하는 말에는 전혀 귀 기울이지 않게 되었다.

나는 할 수 있는 한 어머니, 즉 '착한 경찰'의 편에 섰다. 그렇다고 어머니가 한 번도 화를 내지 않았다는 뜻은 아니다. 나를 때리기 위해 파리채를 들고 집 안을 뛰어다니던 어머니의 모습을 기억한다. 물론 지극히 예외적인 일이었지만 말이다.

내가 십 대에 접어들 무렵, 어머니는 내가 깊은 늪에 빠졌다는 사실을 깨달았다. 친구들이 이유도 모른 채 하나둘 떠나간 세월이 쌓이면서 내 자존감은 무너지고 있었고, 선생님들은 내가 할 수 있는 한계까지 애쓰고 있는데도 더 노력하라고만 말했다. 이런 사실을 안 어머니는 직관에 반하는 선택처럼 보일지라도 힘이 닿는 한 많은 사랑과 인정, 지지를 나에게 베풀기로 결심했다.

여기서 분명히 이야기하고 싶은 것은 우리 어머니는 절대 만만한 사람이 아니라는 사실이다. 나를 버릇없이 키우려는 생각은 조금도 없었다. 어머니는 그보다 훨씬 현명했다. 다른 조건이 같았다면, 어머니가 아버지 못지않게 나에게 많은 것을 요구했을 거라고 확신한다. 실제로 어머니는 내게 예의와 자제력, 책임감을 기대했다. 다만 나는 특별한 경우여서 그 목표를 달성하기 위해 다른 방법을 선택해야 한다는 것을 알아보았을 뿐이다.

어머니는 나의 허세 너머를 꿰뚫어 보았고, 내게 가장 필요한 것은 진정으로 안전하고 소중히 여길 수 있는 관계라는 것을 알아냈다. 그래서 내가 아무리 못되게 굴어도 나를 고집스럽게 끌어안았다. 그것은 뭐든 허용된다는 뜻이 아니었다. 내가 잘못하면 가차 없이 혼냈다. 하지만 동시에 자신의 분노를 억제하려 애썼다. 또한 내가 던진 질문부터 농구 실력에 이르기까지, 언제나 칭찬할 만한 것들을 찾아내기 위해 노력했다.

그 뒤로 내가 배운 것들은 모두 어머니의 지혜가 옳았다는 것을 입증했다. 오늘날 나는 부모들에게 아무리 어려울 때라도 반드시 마음에 새겨야 할 첫 번째 원칙은 아이와의 좋은 관계를 유지하는 것이라고 말한다. 물론 한계를 세워야 한다. 당연히 책임감을 가르쳐야 한다. 하지만 양육은 장기보다 바둑에 가깝다. 목표에 이르는 길은 무수히 많으며, 늘 세 수 앞을 내다보며 유연하게 대응해야 한다.

때로는 경찰처럼 엄격한 것도 좋다. 하지만 어떤 순간에는 규칙 따위는 잠시 제쳐 두고서라도 조건 없는 사랑을 베푸는 것이 훨씬 나은 전략일 때도 있다.

- 선의의 조언자를 경계하라. 신경 써 준다고 해서 언제나 가장 잘 안다는 뜻은 아니다. 특히 허브밀크셰이크를 권하는 사람은 더더욱 조심하라.

- 때로는 '스퀘어 펙' 아이들조차 통제 불능이나 무력한 존재로 보이느니 차라리 반항아로 보이기를 선택할 때가 있다.

- 전통적인 학교의 교육 방식은 주의 집중 시간이 짧고 지루함을 잘 견디지 못하는 아이들에게 특히 맞지 않다.

- 아이의 작업 기억 수준은 학업성적을 예측할 수 있는 강력한 지표다.

- 신체적 처벌에 대한 무수한 연구가 내린 결론은 명백하다. 때리는 행위는 아이의 행동을 바꾸는 데 효과가 없을 뿐 아니라, 부모와의 관계는 물론 발달 중인 뇌에까지 장기적인 손상을 남길 수 있다.

☐ 이제 아이를 그만 껴안아라. 슬슬 아이를 불편하게 만들고 있다! 한 챕터쯤은 쉬어라.

☐ 아이의 삶(집에서든 학교에서든)에 놓인 요구 조건을 점검하라. 아이를 은근히 망치고 있을지도 모를 '인지적 외발자전거'를 최소한 하나 찾아라. 가능하다면 그것을 제거하라.

☐ 지역 또는 전국 단위의 지원 단체를 찾아보라. 목표와 필요에 맞는다면 가입을 고려하라.

☐ 작업 기억이 약한 아이에게는 학교생활을 버틸 대처 전략을 가르쳐 줄 수 있다. 교사는 그 결핍이 핸디캡으로 굳어지지 않도록 돕는 간단한 지침을 채택할 수도 있다. 예를 들어 자신의 생각을 말로 잘 표현하지 못하는 아이는 글로 쓸 수 있도록 격려하라. 일정과 과제를 칠판에 써 둘 수 있고, 이메일이나 SNS로 학생들과 소통하는 것도 좋은 방법이다.

3장

환경이
중요한 이유

"모든 사람은 천재다.
하지만 나무에 오르는 능력으로 물고기를 평가한다면,
물고기는 평생 자신을 바보라고 믿으며
살게 될 것이다."

_ 알베르트 아인슈타인

무한히 다양한 뇌

과학자들이 자기공명영상MRI을 통해 인간의 뇌를 고해상도로 들여다보기 훨씬 전, 소설가 C. S. 루이스는 이렇게 썼다. "우리가 보고 듣는 것은 우리가 서 있는 곳에 따라 크게 달라진다. 또한 우리가 어떤 사람인가에 따라서도 달라진다."[1]

이후 현대 신경과학은 '평균적인 뇌는 없다'는 명제를 구축하며 이 통찰을 확인해 주었다. 각각의 뇌는 세상을 인식하고 반응하는 고유한 방식이 있다.

똑같은 환경에 처해 있더라도 나의 일상적인 경험이 다른 사람들의 경험과 얼마나 다른지 받아들이는 것은 쉽지 않다. 심지어 혼란스러울 수도 있다. 물론 그런 차이들 대부분은 삶에 미치는 영향력 측면에서 그다지 의미 있는 것은 아니다. 나는 그런 차이를

‘지루한 변이’라고 부른다.

예컨대 나는 혀를 동그랗게 말 수 있다. 이는 유전적인 특성이다. 이런 특성은 스페인어를 배우거나 말할 때 도움이 될 수는 있겠지만, 일상에서 인생을 바꿀 만한 요소는 전혀 아니다. 좀 더 재미있는 특성으로는 스컹크 냄새를 좋아한다. 그 냄새는 나를 모기가 들끓던 어린 시절 한여름 밤의 후퍼로 데려다준다. 그리고 기억의 백미러를 통해 그 시절을 떠올릴 때면, 몇 해 동안 나를 짓누르던 만성적인 불행이 조금이나마 옅어지는 것을 느낀다.

핵심은 우리 개개인이 놀라울 정도로 서로 다르지만, 그중 실제로 일상에 의미 있는 영향을 미치는 차이는 일부에 불과하다는 것이다. 나는 이런 차이를 ‘흥미로운 변이’라고 부른다.

흥미로운 변이 중에는 안절부절못하고 충동적인 성향을 지닌 것처럼 생물학적인 부분도 있고, 나이가 들면 청력이 약해지는 것처럼 후천적인 부분도 있다. 이 말은 단순히 나이를 먹으면 귀가 어두워지는 것을 뜻하는 것이 아니라, 어느 정도 나이를 넘어서면 아무리 크게 말해도 아예 들리지 않는 소리들이 생긴다는 의미다. 이는 우리 대부분이 이삼십 대에 접어들면서 고주파 소리를 감지하는 내이의 미세한 털들을 잃기 때문이다. 마흔이 넘은 사람은 대부분 15킬로헤르츠가 넘는 소리는 듣지 못한다.

이러한 명백한 차이들 너머에는 쉽게 눈에 띄지 않고 파악하기도 어려운 차이들이 있다. 바로 이런 차이들이 우리가 배우는 방식에 결정적인 영향을 미친다. 예컨대 우리는 정보를 인식하고 처리하고 저장하는 방식, 생각을 체계화하고 표현하는 방식이 다르다. 그리고 우리를 정보나 새로운 아이디어에 몰입하게 만드는 요소도 제각각 다르다. 이러한 차이 중 일부를 그동안 우리는 '장애'로 인식해 왔다.

안타깝게도 이런 사고방식은 개인차를 지나치게 협소하고 부정적인 관점으로 바라보게 만들었고, 그 결과 환경의 중요한 역할이 무시되어 왔다. 예컨대 오늘날 아이가 난독증 진단을 받았다는 소식을 듣고 기뻐할 부모는 없을 것이다. 난독증은 지각 과정에 영향을 미치고 읽기와 쓰기를 방해하기 때문이다. 하지만 이야기가 그렇게 단순하지 않다면 어떨까? 난독증과 연관된 신경학적인 차이가 적어도 어떤 상황에서는 사람들이 탐낼 만한 강점으로 둔갑한다면 믿을 수 있겠는가?

비범한 과학자들의 공통점

2008년 나는 전 세계에서 모인 유능한 천체물리학자들을 연구하는 팀에 합류해 하버드 스미소니언에서 연구를 진행했다.[2] 우리가 발표한, 난독증으로 진단받은 사람들 사이에 잠재적인 시각적 강점이 존재할 수 있다는 이론을 바탕으로, 국립과학재단NSF의 연구비 지원을 받아 천체물리학자 집단을 대상으로 과제를 수행하게 한 것이다.

연구 대상자들은 난독증이 있는 집단과 없는 집단으로 반씩 나뉘었다. 과제를 통해 시각 능력과 읽기 능력은 물론 천체물리학자의 핵심 과업인 천체를 관찰하는 능력, 블랙홀을 찾아내는 능력까지 측정했다. 이 글을 쓰는 시점에는 아직 예비 결과만 나온 단계이지만, 그 결과는 어떻게 보더라도 흥미롭다. 우리의 가정대로 읽기 능력에 어려움이 있는 과학자들이 전체적으로 그렇지 않은 동료들보다 블랙홀을 잘 탐지했다.

난독증이 있는 과학자 중에 적어도 일부가 이러한 우월성을 보이는 이유는(뒤에서 설명하겠지만 누구나 그런 것은 아니다) 아주 미묘한 뇌의 차이에 있었다. 그 차이는 여러 효과를 낳는데, 그중 하나가 '주변시peripheral vision'의 향상이다. 엄청난 차이는 아니지만 충분히 의미 있는 차이다. 주변시가 좋을수록 주변 환경의 자극에 더욱 민감해지기 때문에 읽기나 주의 집중에는 오히려 방해가 되는 것이다. 우리가 연구한 과학자 집단에서도 바로 이런 양상이 관찰되었다. 이들은 주의 집중과 읽기는 어려워했지만, 주변시가 중요한 역할을 하는 과제들에서는 뛰어난 수행 능력을 보였다.

우리 연구는 학습 장애의 이면을 탐구하려는 과학적 시도가 점점 늘어나는 흐름 속에 있다. 하지만 다음 이야기로 넘어가기 전 한 가지 알아 두어야 할 것이 있다. 우리의 이론을 검증하기 위해 수행된 이 연구에는 매우 비범한 사람들이 포함되어 있다는 점이다. 우리는 난독증이 있는 모든 사람이 주변시가 뛰어나다고 말할 생각은 없다. 그렇지 않은 경우도 많다. 글을 읽는다는 것은 복잡한 기술이기에 글을 읽지 못하는 이유는 다양할 수 있다. 또한 우리는 난독증과 같은 증상을 '선물'이라고 부르지도 않는다. 그것은 '장애'라는 표현만큼이나 오해를 낳기 쉬운 표현이다. 둘 다 환경의 역할을 무시하기 때문이다.

셰익스피어의 표현을 빌려 말하자면, 생물학적으로 선하거나 악한 것은 없다. 다만 환경이 그렇게 만들 뿐이다. 그러므로 개인차를 이해하기 위해서는 거래 측면에서 생각하는 것이 훨씬 유용하다. 사실 대부분의 개인차에 대해 그것이 문제가 되는 환경과 이점이 되는 환경을 각각 하나 이상 떠올릴 수 있다.

예컨대 우리 연구에 참여한 과학자들 대부분, 그들을 자기 분야에서 탁월하게 만든 차이점이 학창 시절에는 고통의 원천이었다. 인터뷰하는 과정에서 그들이 교사로부터 게으른 아이 취급을 받으며 처벌당한 기억, 또래들에게 놀림과 괴롭힘을 당한 기억을 여전히 생생한 슬픔으로 간직하고 있다는 사실에 놀랐다.

하지만 환경이 바뀌자 그동안 장애라고 여겼던 것이 소중한 자산이 되었다. 따라서 우리 연구는 우리가 차이를 일방적으로 '장애'라고 규정함으로써 얼마나 많은 잠재적인 자원을 낭비하고 있는지 일깨워 주는 하나의 사례가 될 수 있다. 모든 것은 상황에 따라 달라질 뿐이다!

새로움을 추구하는 성향

'동전의 양면' 법칙은 또 하나의 흥미로운 개인차에도 적용된다. 이것은 나에게도 친숙한 기질로, 임상적으로는 '새로움 추구 **novelty-seeking**'라고 불린다. 가만있으면 몸이 근질근질한 성향이 바로 그것이다. ADHD 진단을 받은 아이들에게서 공통적으로 관찰되는 이 특성은 강한 유전적 기반을 갖고 있다. 과학자들은 이 성향과 관련된 유전자 변이를 DRD4-7R이라고 부른다.

새로움 추구 성향은 지루함을 참지 못하는 기질과 붙어 다닌다. 삶이 반복적이고 일상적으로 흘러갈 때 나는 쉽게 흥미를 잃는다. 또한 누구보다 새로운 경험에 강하게 끌리는 편이다. 이러한 흥미로운 개인차는 과연 어떤 의미를 지닐까? 난독증이 있는 천체물리학자들과 마찬가지로 답은 환경에 따라 달라진다.

어릴 적 나와 같은 아이들을 걱정하는 일을 업으로 삼아 온 심리학자들은 이 개인차가 지닌 위험성을 입증하는 데 상당한 시간과 에너지를 쏟아 왔다. 그들이 불안해할 만한 이유가 없는 것은 아니다. 연구자들은 새로움 추구 성향이 도박이나 약물 남용, 알코올 남용 등 여러 위험 행동과 연관되어 있음을 밝혀 왔다. 그렇다 보니 충분한 정보를 접하는 현대 부모라면 자신의 아이가 '새로움 추구형'이라는 말을 들으면 불안을 느낄 수밖에 없다.

하지만 그렇게만 본다면 정말 안타까운 일이다. 많은 연구가 새로움 추구 성향이 호기심의 중요한 원천이라는 사실을 분명하게 보여 준다. 호기심은 부모라면 마땅히 북돋아 주어야 할 특성이다. 지능과 학업 및 직업적 성공, 건강한 관계 등 바람직한 결과를 형성하는 중요한 역할을 하기 때문이다.

한 과학 논문에서는 호기심을 '학습이라는 촛불의 심지'라고 표현했다.[3] 호기심이 뇌의 보상 체계를 활성화해 도파민이 분출되게 하고, 그로써 기억 형성까지 촉진하기 때문이다. 다시 말해 호기심 많은 기질은 아이를 헤로인중독자로도, 스카이다이버로도, 성공한 과학자로도 이끌 수 있다.

따라서 복잡계의 관점에서 새로움 추구 성향을 바라보면, 아이들이 방과 후 어떤 활동을 선택하는지 주의 깊게 살펴볼 필요가 있다. 특히 아이가 타고난 위험 감수형이라면 더욱 그렇다. 동시에 이 성향이 지닌 막대한 잠재적 강점을 외면하거나 차단해서도 안 된다. 새로움 추구를 오직 문제로만 바라볼 때 우리는 장점까지 놓치게 된다. 그렇게 되면 양육은 어느새 지지 않기 위한 게임을 하는 것이 된다. 우리는 이기기 위한 게임을 해야 한다.

이 말을 하는 나는 어릴 적 호기심 때문에 꽤 자주 처벌받은 사람이다. 다행히도 그리고 고맙게도 부모님에게는 호기심을 이유로 벌받은 적이 한 번도 없다. 부모님은 현명한 분들이었다.

기억을 더듬어 보면 그런 일을 처음 겪은 것은 열 살 때였다. 주일학교 선생님이 하나님은 우리가 모두를, 그들이 얼마나 나쁘든 상관없이 사랑하길 원한다고 설명했다. 어린 나이였지만 어딘가 이상하게 들렸다. 게다가 악마가 천사였다가 '나쁜 짓을 해서' 사탄이 되었다는 이야기도 들었기에, 나는 나름대로 논리적인 질문을 떠올렸다. "그러면 악마도 사랑해야 한다는 뜻인가요?"

솔직히 말해 선생님을 화나게 하려는 의도는 전혀 없었다. 하지만 선생님은 도발당했다고 느낀 듯했다. 그는 아이들이 다 보는 앞에서 내 뺨을 때리더니 이렇게 말했다. "네 죄목에 신성모독까지 더하다니, 놀랍지도 않구나." 그에게 나의 호기심은 그야말로 악 그 자체였던 것이다.

뺨을 맞은 이후 잠시 동안은 호기심이 수그러들었는지도 모르겠다. 하지만 3년쯤 뒤 나는 다시 입을 열기 시작했고, 이번에는 중학교 2학년 수학 선생님의 분노를 불러왔다. 수업이 시작되고 몇 개월 뒤, 나는 이미 반항적이고 의욕 없는 골칫거리가 되어 있었다. 그런데 어느 날 내 흥미를 단번에 사로잡는 과제가 나왔다. '변수'라는 개념, 문제가 반드시 하나의 답만 갖는 것은 아닐 수 있다는 발상에 완전히 매료된 것이다.

그날 밤 나는 선생님이 알려 준 공식은 제쳐 두고, 그 문제를 풀 수 있는 새로운 알고리즘을 만들어 보았다. 그 방법은 숙제로 나온 문제들을 실제로 풀 수 있게 해 주었다. 나는 신이 나 수학을 잘했던 아버지에게 그 결과를 보여 주었다. 아버지는 그것이 일반적인 접근 방식은 아니지만 해답을 찾는 데 유용하다고 인정했고, 선생님에게 한번 보여 주어도 좋겠다고 조언했다.

하지만 안타깝게도 다음 날 아침 내가 그 발견을 공유했을 때, 선생님은 아버지와 달리 전혀 달가워하지 않았다. "틀렸어. 전혀 맞지 않아." 선생님은 나를 쳐다보지도 않고 숙제를 옆으로 밀쳐 버리며 말했다.

나는 그것이 맞다고 항변했다. 교과서에 나온 답과도 맞을 뿐 아니라, 알고리즘이 제대로 작동했기 때문이다. "토드, 당장 자리로 돌아가. 그건 틀린 거야." 충동적으로, 또다시 나는 물러서지 않았다. 심작박동이 빨라지는 걸 느끼면서, 존중이라고는 찾아볼 수 없는 말투로, 선생님이 수학을 제대로 이해하지 못하고 있는

게 분명하다고 말했다.

조용하게 시작된 대화는 곧 고성으로 번졌고, 결국 나는 방과 후 벌을 받게 되었다. 수업이 끝난 지 5분쯤 지났을 때 선생님이 벌받는 교실로 성큼성큼 걸어 들어와 책상에 내 숙제 노트를 탁 내려놓았다. 그러면서 그곳에 새로 적어 둔 문제 하나를 가리켰다. 그 문제는 내 알고리즘으로는 풀 수 없는 것이었다.

"다시는 수업 시간에 나한테 질문하지 마라." 선생님은 그렇게 말하고는 교실을 나갔다. 물론 선생님이 맞고 나는 틀렸다. 알고리즘에 대해서는 말이다. 하지만 학생들의 잠재력을 끌어내는 방법에 관한 한 그가 완전히 잘못되었다고 감히 말하고 싶다.[4]

그나마 다행스러운 점은 모든 선생님이 나의 호기심을 위협으로 느끼거나 귀찮아했던 것은 아니라는 사실이었다. 고등학교 시절 가장 좋았던 기억은 2학년 때 간신히 등록한 역사 수업 시간에 격려를 받은 일이었다. 사실 처음에 이 수업에 들어가고 싶었던 이유는 역사를 좋아해서가 아니라 시험을 치지 않는다는 소문을 들었기 때문이다. 선생님은 글라스노스트 이전의 소련을 연구한 전문가였다. 그는 역사를 공부하는 것은 연도를 외우는 일이 아니라, 당시 작동한 복잡한 관계를 비판적으로 파고들어 왜 일이 그렇게 흘러갔는지를 이해하는 것이라고 늘 강조했다.

선생님은 당시 대중들 사이에 퍼져 있던 맹목적인 반소련적 관점에서 벗어나 질문하는 나를 무척 좋아했다. 자세한 기억은 흐릿하지만, 특정한 식량 공급 문제와 군사적 갈등의 연관성을 설명했던 날, 내 질문을 듣고 선생님이 지은 미소만큼은 또렷이 기억난다. 그는 내 자리로 걸어와 내 손을 잡고 이렇게 말했다. "이게 바로 역사적으로 사고한다는 거야!" 그 순간 나는 역사에 매료되었고, 적어도 선생님의 교실에서는 최선을 다하려고 애썼다.

학문적 먹이사슬을 타고 위로 올라갈수록, 내가 집요하게 질문을 던지는 태도를 진심으로 반겨 주는 교사의 수가 점점 늘어났다. 아인슈타인도 이렇게 말하지 않았는가. "나는 특별한 재능이 없다. 단지 호기심이 열정적으로 불타오를 뿐이다." 만약 내 성가신 성향을 가치 있게 여겨 준 사람이 한 명도 없었다면, 나는 결코 하버드까지 이르지 못했을 것이다. 그리고 지금의 나는 하버드에서 수많은 똑똑한 학생의 호기심이 너무 이른 시기에 꺾이고 있는 것은 아닌지 걱정하고 있다.

초등교육 전반에 걸쳐 우리는 자기파괴적인 방식에 얼마나 익숙해졌는가! 아이들의 뇌가 가장 유연하고 탐구심이 강한 시기에 우리는 획일적인 순응을 강요하고, 많은 신경 회로가 이미 굳어 버린 대학 이후가 되어서야 호기심과 창조성에 불을 지피라고 말한다. 이는 우리가 환경이 지닌 잠재적인 변형 능력을 깊이 고려하지 않는다는 분명한 신호다.

성향과 환경의 상호작용

난독증 천체물리학자들의 사례만으로는 환경 속에 잠재하는 변형 능력에 대해 확신하지 못하는 사람들을 위해 한 가지 사례를 더 이야기하고자 한다. 북부 케냐의 사막에서 벌어진 이야기다.

내가 후퍼의 초등학교에서 고난의 시간을 보내던 시기에, 아리알Ariaal이라는 소몰이 유목 부족의 상당수가 만성적인 영양실조에 시달리고 있었다. 결국 이들은 전통적인 유목 생활을 버리고 정착된 농경 생활을 선택하기 시작했다. 그리고 2008년, 노스웨스턴 대학교에서 인류학을 전공하던 1년 차 대학원생 댄 아이젠버그Dan Eisenberg는 그 뒤 어떤 일이 벌어졌는지 관찰해 그 결과를 발표했다.[5]

아이젠버그와 동료들은 정착한 유목민 87명과, 여전히 가축을 몰며 이동 생활을 이어가던 유목민 65명을 비교했다. 이들은 모두의 새로움 추구 성향과 ADHD 특성과 연관된 유전자 변이 DRD4-7R의 보유 여부를 검사했다. 또한 식량이 늘 부족한 환경에서 영양 상태를 알아내기 위해 체질량을 측정했다.

결과는 분명했다. 새로움 추구 성향의 사람들 가운데 유목 생활을 계속 유지한 이들이, 같은 유전적 특성을 지녔지만 정착 생활을 선택한 이들에 비해 평균적으로 훨씬 더 잘 지냈다.

아이젠버그는 이 결과를 다음과 같이 설명한다. "이는 사람들이 지닌 다양한 성격 특성 중 일부가 어떤 환경에 놓이느냐에 따라 진화적으로 도움이 되기도 하고 해가 되기도 한다는 점을 보여 줍니다. 유목 환경에서는 새로움 추구 성향의 소년이 침입자로부터 가축을 지켜 내거나, 식량과 물을 찾는 데 더욱 뛰어날 수 있습니다. 하지만 같은 성향이라도 학교에 다니거나 농사를 짓거나 물건을 파는 일처럼 정착 생활에 요구되는 활동에는 그다지 도움이 되지 않을 수도 있지요. 여기서 우리는 ADHD를 단순히 질병이라기보다, 상황에 따라 다르게 작동하는 요소를 지닌 특성이라고 볼 수 있습니다." 그의 설명이 내 마음을 사로잡았다.

다만 짚고 넘어갈 점이 있다. 아이젠버그의 연구는 새로움 추구 성향을 지닌 유목민들의 건강 상태가 더 좋은 이유에 대해서는 검증하거나 설명하지 않는다. 그 이유는 매우 복잡할 것이다. 유전자 변이가 유목민의 기질과 행동에 영향을 미쳐, 정착 생활이 그들에게는 마치 부산한 아이가 중학교 교실에 붙들려 앉아 있는 것만큼이나 건강에 해로운 환경이 되었을 수도 있다.

한편 아이젠버그는 또 다른 가능성도 조심스럽게 제시한다. 같은 유전적 요인이 신장 기능을 포함한 신체의 다른 부분에도 영향을 미친다는 점을 고려하면, 소변 배출 방식의 차이 같은 생리적 변화가 과거 유목민들의 건강 차이를 설명하는 또 하나의 요인

일 수도 있다는 것이다. 어쨌든 이 연구가 던지는 메시지는 분명하다. 같은 유전적 설계도를 지녔다 하더라도, 어떤 환경에 놓이느냐에 따라 강점이 될 수도, 약점이 될 수도 있다는 것이다.

아이젠버그의 연구는 부모와 교사에게 아이들을 빛날 수 있는 환경으로 이끌어야 한다는 점을 다시 한번 일깨워 준다. 물론 귀찮게 질문을 퍼붓는 아이를 케냐로 보내거나 극기 훈련 프로그램에 등록시키라는 뜻은 아니다. 하지만 적어도 적절한 환경에서 충분히 지원받는다면 강점이 될 수도 있는 특성 때문에 아이가 일상적으로 처벌받고 있지는 않은지 반드시 돌아보아야 한다.

교육도 진화한다

학습을 방해하는 주범이 아이가 아니라 환경이라는 깨달음은 다행스럽게도 교육 정책 전반에 영향을 미치기 시작했다. 이러한 진전은 무수한 개인과 단체가 노력한 결과였다. 영광스럽게도 내가 함께 연구를 진행한 두 사람, 앤 마이어와 데이비드 로즈도 포함된다. 이들은 1984년, 비영리 교육 연구·개발 기관인 응용특수기술센터CAST, Center for Applied Special Technology를 설립했다.

로즈는 발달신경심리학자이자 작가로, 하버드 교육대학원에서 학생들을 가르치고 있다. 마이어 역시 임상심리학자이자 교육자로서, 학부 시절에는 디자인과 건축을 공부했다. 두 사람은 오랫동안 신체적으로나 인지적으로 차이를 지닌 학생들을 위한 학습 자료를 개발하는 일에 열정을 공유해 왔다. 이들이 만든 컴퓨터 기반 도서 시제품은 역사상 가장 초기 사례에 속하는 것들로, 현재도 스미소니언 박물관에 전시되어 있다.

응용특수기술센터의 발전 과정은 학습 능력과 학습 장애의 본질을 바라보는 과학자들과 대중의 인식이 어떻게 변화해 왔는지를 그대로 비춘다. 센터는 병원 소속 클리닉으로 시작했는데, 직원은 다섯 명뿐이었고 투자금도 1만 5,000달러에 불과했다. 그러나 몇 년 뒤 독립된 사무실로 이사하면서 점차 의료 중심의 성격을 벗어나게 되었다.

마이어에 따르면 1990년쯤 센터는 아이들이 겪는 특정한 학습 장벽을 제거하는 디지털 도서를 만드는 작업에 한창이었다. 그러다 문득 한 가지 깨달음을 얻었다. "함께 작업한 학생 중에 시각 장애 학생이 있었어요. 버튼을 볼 수 없으니 버튼이 말을 하도록 만들어야 했죠. 또 다른 학생은 눈과 턱만 사용할 수 있었어요. 글을 잘 읽지 못하는 학생도 있었고요. 그러다 이런 생각이 들었어요. 우리는 지금 각자를 위한 책을 각각 만들고 있는데, 이들이 모두 사용할 수 있는 하나의 책을 만들 수는 없을까?"[6]

마이어는 '유니버설 디자인'이라 불리는 최신 건축 개념을 교육의 영역에 접목하는 아이디어를 떠올렸다. 이는 휠체어를 타고 들어오든, 유모차를 밀고 들어오든, 두 발로 걸어 들어오든 상관없이 모든 사람이 이용할 수 있도록 건물을 설계하는 방식을 일컫는다. '학습을 위한 유니버설 디자인UDL, Universal Design for Learning'이라는 말은 학습 과학 연구와 현대 기술을 결합하는 접근을 뜻하는 공식 용어가 되었으며 정책 담론 속에 자리 잡게 되었다.

오늘날 응용특수기술센터의 과학자들은 학생의 배경이나 흔히 말하는 장애 여부와 상관없이 모든 학생을 지원하는 방법을 고안하고 있다. 그 핵심은 학습 내용을 유연한 방식으로 제시하는 환경을 설계하고, 학생들이 자신이 알고 있는 것을 다양한 방식으로 표현할 수 있도록 선택지를 제공하는 것이다. 이는 표준화된 시험을 넘어서는 접근이다. 실제로 학습을 위한 유니버설 디자인은 첨단 기술부터 저기술 방식까지 모든 것을 활용한다.

예컨대 스페인어가 모국어여서 영어를 잘 모르는 초등학교 2학년 아이가 노트북으로 이야기를 읽는다고 해 보자. 이때 낯선 단어를 소리 내어 읽어 주고, 단어의 뜻을 이미지와 스페인어로 함께 보여 주어 내용을 더 쉽게 이해하도록 돕는 소프트웨어 프로그램을 활용할 수 있다. 중학교 역사 수업에서 교사가 학생들에게 보고서를 쓰거나, 포스터를 그리거나, 인형극을 선보이는 방식 중

하나를 선택해 배운 내용을 표현하도록 허용하는 것 역시 학습을 위한 유니버설 디자인의 실천에 해당한다.

마이어와 로즈는 이처럼 가르치고 평가하는 방식을 다양화할수록 '장애가 있다'고 분류된 아이들뿐 아니라 모든 유형의 아이를 학습에 참여시킬 수 있다고 주장한다. 다시 말해 이들은 아이들의 자연스러운 개인차를 해결해야 할 문제로 보지 않고 오히려 새로운 교육적 가능성이 생겨나는 출발점으로 여긴다.

예를 들어 자막이 달린 영상은 청각 문제가 있는 아이들은 물론, 영어를 배우는 중이거나 읽기에 어려움을 겪는 아이들, 소음이 많은 교실에서 수업을 듣는 아이들에게도 큰 도움을 줄 것이다. 이에 못지않게 중요한 효과가 하나 더 있다. 이전에는 수업에서 소외되어 주의를 잃고 수업을 방해하던 학생들이 학습에 다시 참여할 수 있게 되고, 교사는 교실을 통제하는 데 쓰던 시간을 줄여 그만큼 가르치는 일 자체에 집중할 수 있게 된다는 것이다.

응용기술특수센터는 연구·개발은 물론 국가 차원의 교육 정책에도 관여한다. 초등학교 저학년 교사와 학생들이 무료로 자신만의 디지털 책을 만들어 공유할 수 있는 '북 빌더**Book Builder**' 프로그램은 165개국 이상에서 4만 명에 가까운 이용자를 확보했다. 이러한 영향력은 교육 정책 전반으로도 확산되었다.[7] 교육부 장관 안 덩컨**Arne Duncan**은 의회에 보내는 서한에서 학습을 위한 유니버설 디자인을 백악관의 새로운 교육 전략을 이루는 핵심 요소라고 언급했으며, 여러 주에서 교사 연수와 교육과정 개선을 목표로 학습을 위한 유니버설 디자인 특별팀을 구성하기도 했다. 하버드 로스쿨 학장 마사 미노우**Martha Minow**는 이를 "지난 20년간 교육 분야에서 부상한 몇 안 되는 혁신적 아이디어"라고 단언했다.

이러한 진전은 마이어로 하여금 언젠가 학교가 난독증이나 ADHD 같은 진단명에 의존하지 않을 날을 상상하게 만들었다. 아이들이 충분한 선택지를 갖게 된다면 지금 우리가 '장애'라고 부르는 것들이 사실상 의미를 잃게 될 것이라는 생각에서다. 새롭게 등장하는 첨단 기술과 단순한 보조 수단들은 아이들의 교육 접근성을 근본적인 수준에서 넓혀 줄 것이다. 이런 이유로 일부 활동가는 학교 환경을 재설계하는 일을 시민권의 문제로 보기도 한다.

교육의 진짜 목적과 현실의 벽

벤 포스**Ben Foss**는 법률 전문가이자 발명가이자 정책 분석가로, 학습 차이를 시민권의 관점에서 보는 입장을 대변하는 인물이다. 그는 장애인 권익 옹호 단체의 사무총장으로서 장애가 있는 사람이 학교와 일터에 더 쉽게 접근할 수 있도록 소송으로 싸워 왔다.[8]

포스는 주근깨가 많고 푸른 눈을 가진 아이로 여덟 살에 난독증 진단을 받았다. 그는 교사들이 반복해서 치르게 했던 철자 시험과, 분리된 특수교육 교실로 끌려가듯 이동해야 했던 굴욕적인 순간을 생생하게 기억한다. "가장 힘들었던 건 내가 고장 난 존재이고 어딘가 결함이 있으며, 더 열심히 해야 따라잡을 수 있다는 생각을 스스로 내면화하게 된다는 점이었어요."

포스는 오랜 시간 난독증을 숨겼다. 대신 스스로 터득한 '비밀스러운 보조 장치'로 버텼고, 수많은 노력 끝에 스탠퍼드 대학교 로스쿨에 합격한 뒤에야 자신의 이야기를 꺼내기 시작했다.

2003년, 그는 난독증을 진단받은 앨라배마주의 한 노동자 조 스터츠Joe Stutts에 대한 이야기를 접했다. 포스에게 스터츠는 막 싹이 트기 시작한 학습 장애 운동의 로자 파크스Rosa Parks같았다(흑인 인권 운동을 촉발한 인물이다-옮긴이). 스터츠는 중장비 운전 일을 하기 위해 필기시험을 요구받자, 1983년 연방 정부를 상대로 소송을 제기했다.[9] 그의 용기는 포스에게 깊은 영향을 주었고, 결국 포스는 난독증이 있는 사람들을 위한 교육 단체인 '헤드스트롱 네이션Headstrong Nation'을 설립하게 된다.

3년 뒤 포스는 잠시 법조계를 떠나 인텔의 벤처캐피털 부서에서 일하게 되는데, 이곳에서 '학습을 위한 유니버설 디자인' 발명가들의 세계로 들어서게 된다. 하루는 책상에 앉아 휴대전화를 만지작거리다가 깨달았다. "글씨를 카메라로 찍어 컴퓨터로 보내면 그 이미지를 문자로 변환해 소리 내 읽게 할 수 있겠구나."

인텔은 이 아이디어를 발전시키는 데 힘을 보탰고, 이 장치는 '인텔 리더Intel Reader'라는 이름으로 출시되었다. 인텔은 이 제품이 난독증이 있는 사람들뿐 아니라 시력이 약해져 작은 글씨를 읽기 어려워하는 베이비붐 세대에게도 인기를 끌 것이라 판단했다. 이 기기는 글자 크기 조절 기능도 갖추고 있었다. 포스는 자신의 발명에 자부심을 느끼면서도, 한편으로는 이 제품이 온라인 매체에서 "게으르고 나약한 사람들을 위한 도구"라는 평가를 받았다는 사실이 여전히 마음에 걸린다고 했다.[10] "처음에는 큰일 났다고 생각했어요. 그런데 곧 그것이 사람들의 편견을 있는 그대로 보여주었다는 생각에 오히려 고맙다고 느꼈죠."

포스의 투쟁적인 기질은 어린 시절로 거슬러 올라간다. 그가 이해심이 남다른 부모를 만난 것은 큰 행운이었다. 나이지리아에서 평화 봉사단으로 활동했던 그의 어머니 수잔 무어Susan Moore는 그 세계적인 시각을 양육에도 그대로 적용했다. 그녀는 말한다. "아이가 학교에서 얼마나 잘하는지보다 실제로 무엇을 배우는지가 더 중요하다고 생각했어요."

무어는 난독증에 대해 공부하는 것은 물론, 포스가 축구를 하도록 격려했으며, 학교에서 작은 성취라도 이루면 크게 칭찬했다. 아이가 그린 그림 중 잘 그린 것들을 냉장고에 붙여 두었고, 주변 사람들이 이해하지 못할 때조차 직관을 주저 없이 따랐다.

포스는 네 살 때 어머니를 따라 미용실에 간 이야기를 즐겨 들려준다. 어머니가 그를 이발 의자에 앉히자 미용사가 어떤 머리를 원하느냐고 물었다. 포스는 머리를 자르고 싶지 않다고 말했다. 그러자 그의 어머니는 미용사에게 팁을 건네고는 아들과 함께 가게를 나섰다. "네 살짜리 애가 시키는 대로 하겠다고요?" 미용사가 놀라서 외쳤다. "아이 머리잖아요." 무어는 이렇게 답했다.

몇 년 뒤 포스가 학교에서 고된 시간을 견딜 때 무어는 더욱 파격적인 결정을 내렸다. 선생님들에게 화가 난 채 집으로 돌아오는 날이면 방을 마음껏 어지럽혀도 좋다고 한 것이다. "처음엔 올바른 선택을 한 건지 확신할 수 없었어요. 하지만 아이 안에 분노가 너무 많이 쌓여 있었고, 속에서 곪게 두는 것보다는 밖으로 분출하는 게 낫겠다고 생각했죠."

포스는 이렇게 기억한다. "책장을 넘어뜨리고 오디오테이프를 부수고 카세트라디오를 창밖으로 던진 적도 있어요. 대신 엄마와 약속했죠. 방에 있는 건 무엇이든 부술 수 있지만, 그 결과에 대해서는 내가 책임져야 한다고요."

무어는 아들에게 특별한 수준의 자율성을 주는 대신 그만큼의 책임을 요구했다. 복잡계의 관점에서 보자면 그녀의 양육 방식은 탁월했다. 분노를 발산할 수 있게 함으로써 그 감정이 다른 사람을 향해 표출될 위험을 차단했고, 동시에 자신의 행동에 책임지도록 함으로써 자기 통제의 가치를 가르친 것이다.

이 경험은 훗날 포스 철학의 핵심이 되었다. 그는 묻는다. "교육의 목적은 무엇일까요? 얌전하게 굴고 복종하도록 만드는 게 아니에요. 자신이 원하는 일을 할 수 있도록 돕는 것이죠." 포스는 교육을 기본적인 권리라고 생각하면서도, 자신의 강점과 약점을 이해하고 스스로 독립적인 인간으로 설 수 있도록 지원을 찾아내는 책임 역시 학생에게 있다고 말한다.

다행히도 이러한 지원은 학교에서 점점 흔해지고 있고, 편견도 줄어들고 있다. 하지만 변화는 더디다. 지금 이 순간에도, 너무나 많은 아이가 하루 종일, 매일같이 자신은 고장 났고, 쓸모 없으며, 환영받지 못한다는 메시지를 받고 있다.

- '평균적인 뇌' 같은 것은 없다. 사람마다 다른 것은 예외가 아니라 기본값이다.
- '흥미로운 차이' 중 일부는 학습 능력에 직접적으로 영향을 준다. 따라서 이러한 차이를 무시하거나 교정하려 하기보다, 효과적으로 수용할 수 있는 유연한 환경을 설계해야 한다.
- 새로움에 대한 선호는 하나의 유전적 차이로, 부정적인 방향으로 작동하면 도박, 마약, 알코올중독 같은 결과로 이어질 수 있다. 하지만 긍정적으로 발현될 경우 호기심의 토대가 되며, 이는 성취와 행복을 위한 필수적인 특성이다. 두 갈래 중 어느 쪽으로 향하느냐는 무엇보다도 아이를 둘러싼 환경에 달려 있다.
- 교육 정책 전문가들은 아이들의 타고난 차이를 바꾸려고 애쓰기보다 학교 환경을 바꾸는 데 초점을 맞추는 것이 더 중요하다는 데 동의한다.

··· TO DO ···

☐ '스퀘어 펙' 아이를 효과적으로 도우려면 부모가 '흥미로운 차이'를 이해하는 것이 먼저다. 그 차이가 인간관계에 어떤 영향을 미치는지, 또 상황에 따라 어떻게 달라지는지 살펴야 한다.

☐ 아이의 행동에 호기심이 생길 때는 '상황'을 고려해 질문하라. '왜' 그렇게 행동했는지 묻기보다, 왜 '그 상황'에서 그렇게 행동했는지 물어보라.

☐ 아이의 고유한 차이가 서로 다른 환경에서 어떻게 드러나는지 떠올려 보라. 아이가 대개 잘 해내는 환경 하나와, 유독 어려움을 겪는 환경 하나를 구체적으로 떠올려라.

4장

고립의 상처와 극복

"친절하라.

당신이 마주치는 모든 사람은

저마다 힘겨운 싸움을 치르고 있다."

_ 플라톤

멈출 수 없는 악몽 같았던 사춘기 시절

"이 나쁜 년아!" 태어나서 처음으로 어머니가 욕하는 걸 들은 순간이었다. 어머니는 전화기에 대고 이렇게 소리치고는 곧바로 탁하고 전화를 끊어 버렸다. 무슨 일이 벌어진 건지 확인하지 않을 수 없었다. 사실 어머니의 감정 상태에 대한 걱정보다는 이번에는 내가 어떤 벌을 받게 될지 단서를 찾아야 했다.

지하에 있는 내 방에서 살금살금 계단을 올라가 주방을 엿보려고 고개를 내밀었다. 소란을 듣고 아버지도 부엌으로 들어왔다. 아버지는 조리대에 기대어 서 있는 어머니를 안아 주었다. 그렇게 슬픈 표정을 한 어머니의 모습은 본 적이 없었다.

열 살이라는 어린 나이였지만, 나는 이미 유죄든 무죄든 문제아로 취급받는 데 익숙해져 있었다. 그래서 어머니가 화난 이유도 당연히 나 때문일 거라 생각했다. 또렷이 들리지는 않았지만, 어머니는 이렇게 중얼거렸다. "아, 친구를 또 하나 잃은 것 같아."

나는 눈을 가늘게 뜨고 기억을 더듬었다. '이번엔 또 내가 뭘 한 걸까? 아니, 사람들이 뭘 알아챈 걸까?' 오래 고민할 시간은 없었다. 조용히 다시 계단을 내려가려는 순간 아버지가 나를 발견한 것이다. 어머니도 시선을 돌렸고, 뜻밖에도 내게 다가와 나를 꼭 끌어안았다. 그러고는 울음을 터뜨리며 말했다. "정말 미안해."

마침내 전말을 알게 되었다. 한때 어머니와 가장 친했던 친구 페기 이모가 우리 동네의 오랜 전통을 깨겠다고 말한 것이다. 그 전통이란 어느 집 아이든 생일 파티를 열면 또래 아이들을 모두 초대하는 것이었다. 페기 이모는 말했다. "아무도 토드가 파티에 참석하기를 원하지 않아. 걔가 파티를 망칠 거야."

솔직히 그 말이 전혀 틀린 것은 아니었다. 나는 충동성이 있는 편이었고, 특히 그 시절에는 파티에만 가면 늘 흥분하곤 했다. 다른 아이 생일 케이크의 촛불을 먼저 불어 꺼 버리거나, 선물을 열기도 전에 그 안에 뭐가 들었는지 불쑥 말해 버린다거나, 반가움을 표현한답시고 친구들 등을 세게 두드렸는데 아이들은 아프다고 나를 밀쳐냈다. 또한 내가 왔다 간 뒤면 아끼는 장난감이 사라진다는 말도 종종 나왔다. 결국 나이를 불문하고 사람들은 내가 사교 모임에 나타나는 것만 봐도 움찔하는 지경이 되었다.

열두 살 때의 일이다. 아이들에게 식사 예절을 가르치겠다며 목사 부인이 교회 친교실에서 '예절 만찬'을 열었다. 나는 그 자리에 참석하려고 현관문을 열고 뛰어 들어갔다. 그 순간, 목사 부인이 마치 조폭처럼 내 옷깃을 움켜쥐고 벽으로 밀어붙이더니 협박했다. "토드, 행사를 망칠 생각은 없겠지? 알아들었어?"

내가 기억하는 바로는 그녀의 협박은 효과가 있었다. 적어도 그날 밤까지는 말이다. 하지만 며칠 지나지 않아 나는 다시 문제를 일으켰다. 당시 친구가 거의 없었기 때문에 관심을 받기 위해서라면 무슨 짓이든 했고, 그런 시도는 언제나 역효과로 돌아왔다. 중학교 합창단 공연 날, 커튼이 올라가기 직전에 나는 무대로 기어올라 미리 선발된 네 명의 독창자 사이에 끼어들었다. 내가 노래를 못한다는 것은 합창단 친구들 모두가 알고 있었다.

커튼이 올라가기 시작하자 옆에 서 있던 아이가 물었다. "뭐 하는 거야?" "선생님이 올라가라고 했어!" 나는 거짓말을 했다. 우리는 노래가 시작될 때까지 계속 언쟁을 했다. 나는 입만 뻥긋거리며 노래했고, 자격 없는 박수 세례를 잠시나마 만끽했다.

시간이 지나며 관심을 끌기 위한 내 행동은 점점 더 무모해졌다. 어느 날 후펴에 있던 오래된 교회 건물이 불에 타 무너져 내렸을 때, 아버지는 최악의 상황을 각오했다. 그러다 불을 지른 게 다른 집 아이들이라는 소식을 듣자 그는 안도의 미소를 지으며 외쳤다. "그 녀석들 잡으러 가자!"

　사춘기는 대부분 아이에게 힘든 시기지만, 특히 충동적이고 사회적으로 서툰 '스퀘어 펙' 아이들에게는 멈출 수 없는 악몽과도 같다. 세상의 기대는 높아지는데 그 기대에 어김없이 부응하지 못하는 시기이기 때문이다. 그 결과 너무 많은 아이가 가장 관계가 필요한 시점에 기존에 맺은 소중한 관계들을 잃고 만다.

　열여섯 살에 나를 진단했던 심리학자 샘 골드스타인의 말이 아직도 기억난다. "문제가 많은 아이들에게 좋은 하루란, 나쁜 일이 일어나지 않는 날이죠." 내가 열 살이 되었을 무렵, 어머니는 이미 내가 예전 친구들을 모두 잃었고, 그 때문에 어머니 자신도 몇몇 친구들과 소원해졌다는 사실을 알고 있었다. 하지만 어머니가 알지 못하는 훨씬 더 많은 일들이 있었다. 어머니는 꽤 오랫동안 이 사실을 알지 못했다. 차마 말할 수 없을 만큼 굴욕적이었기 때문이다.

따돌림보다 잔인한 일

그중에서도 최고로 은밀한 굴욕은 중학교 내내 내가 점심시간을 보낸 방식이었다. 유난히 사건이 많고 끔찍했던 중학교 1학년 중반쯤, 나는 다른 아이들 곁에 앉으려는 시도를 아예 그만두었다. 몇몇 아이들이 나를 쫓아내려고 음식을 던졌기 때문이다. 혼자 앉아 밥을 먹는 모습이 너무나 부끄러워서 나는 학교에서 가장 엄격한 규칙을 반복해서 어겼다. 몰래 교문을 빠져나가 근처 커뮤니티 센터로 가서 점심시간 내내 비디오게임을 한 것이다.

교감 선생님이 나를 잡을 때도 있었고 못 잡을 때도 있었는데, 결국 나는 여러 번 반성실로 가야 했다. 하지만 그것은 전혀 방지책이 되지 못했다. 조롱을 견디며 혼자 점심시간을 보내는 것이 그보다 훨씬 더 끔찍한 일이었기 때문이다. 게다가 반성실에 가면 적어도 점심시간에 혼자는 아니었다.

어머니에게 이야기하지 않은 또 다른 사건은 케이시라는 3학년 선배가 거의 매일 나를 두들겨 팬 일이다. 그가 무엇 때문에 나를 괴롭혔는지 모르겠다. 개인적으로 그와 아는 사이도 아니었다. 내가 내린 결론은 이것이다. 나는 학교라는 공간에서 서열이 가장 낮았고, 성가시고 만만하고 반격할 힘도 없는 존재로 낙인찍혀 있었다. 그래서 자신의 위치가 불안한 다른 아이들이 나를 희생양 삼아 친구들 사이에서 점수를 따려는 것이었다.

방과 후면 케이시는 나와 같은 버스를 타고 집으로 돌아왔다. 그는 자기 집 정류장이 아니라 굳이 내가 내리는 정류장에 내려 나를 쫓아왔다. 정류장에서 300미터 떨어진 집으로 전속력으로 도망칠 생각으로 버스 맨 앞자리에 앉았지만, 한 번도 그를 따돌리지 못했다. 어느 순간이면 그는 나를 따라잡았고, 발을 걸어 넘어뜨린 뒤 바닥에 쓰러진 나를 주먹으로 가격하고 몇 차례 발로 찬 다음 침을 뱉고 가 버렸다. 이 일이 거의 매일 반복되었다. 마치 집에 가기 전 꼭 해야 할 일이라고 생각하는 듯했다.

맞는 것 자체도 상당히 아팠지만 그보다 훨씬 견디기 힘들었던 건 아무도 나를 도와주지 않았다는 사실이다. 오히려 아이들은 버스 창문에 몸을 내밀어 그 장면을 구경했다. 버스 기사도 그 모습을 보았지만 단 한 번도 개입하지 않았다. 내가 용기를 내어 항의한 날조차도 말이다. 어쩌면 내가 그런 꼴을 당할 만하다고 생각했을지도 모른다. 사실 나는 그 전 몇 달 동안 버스 안에서 소리를 지르고, 종이비행기를 날리고, 창문을 닫으라고 해도 열어 두는 등 그를 꽤 성가시게 했기 때문이다.

이 모든 일을 어머니가 알았다면 케이시는 물론 버스 기사도 가만두지 않았을 것이다. 하지만 어머니가 그런 상황을 알게 되는 것은 생각도 하기 싫었다. 내가 비참하게 쓰러진 모습을 어머니가 본다고 상상만 해도 속이 울렁거렸다. 어머니만 모른다면 이 일이 일어나고 있다는 사실을 부정할 수 있을 것 같았다. 어머니는 늘 내가 멋지다고 말했고, 큰일을 해낼 잠재력이 있다고 믿어 주었다. 하지만 사람들이 나를 얼마나 싫어하는지 전부 알게 된다면 그 생각이 바뀔 것 같다는 두려움도 있었던 것 같다.

그래서 매번 두들겨 맞고 난 다음에는 집 뒤편 차고로 달려가 아버지의 기름 묻은 걸레로 몸을 닦았다. 그래도 티가 날 때는 셔츠가 왜 찢어졌는지, 입술이 왜 터졌는지에 대한 그럴듯한 변명을 지어냈다. 비틀거리며 집에 들어가 놀다가 넘어졌다고 울었던 기억도 또렷하다. 20년 뒤 마침내 진실을 털어놓자 어머니는 그 일을 그토록 오래 숨겨 왔다는 사실에 무척 화를 냈다.

어머니는 자신이 괴롭힘을 막아 주지 못했다는 사실에 죄책감을 느낀다. 하지만 나는 그때 벌어진 일의 책임은 어머니가 아니라 학교에 있다고 생각한다. 아이들은 아이들일 뿐이고, 학교가 모든 놀림과 괴롭힘을 완벽하게 없앨 수 있다고는 기대하지 않는다. 그러나 버스 기사를 포함해 그 어떤 학교 관계자도 한 아이가 지속적으로 표적이 되고 있다는 신호를 무시해서는 안 된다.

대개 은밀한 형태로 벌어지는 학교 폭력은 아이들 사이에 만연해 있으며, 이는 아이들의 뇌와 행동 모두에 파괴적인 영향을 미친다. 지금까지 밝혀진 사실을 떠올려 보면, 학교가 마침내 이 문제에 더 진지하게 접근하기 시작했다는 점은 바람직한 일이다. 다만 아직 훨씬 많은 적극적인 조치가 필요하다.

조사에 따르면 학령기 아동의 3분의 1, 약 1,300만 명이 학교에서 놀림이나 괴롭힘을 경험했다고 답했다.[1] 이들의 열 명 중

한 명 이상은 밀치기, 침 뱉기, 발 걸기 등 신체적 폭력을 겪었다고 보고했다. 이 문제를 정면으로 다루는 일은 단순한 연민의 문제가 아니다. 직접 그 대가를 치러 본 사람으로서 분명히 말할 수 있다. 괴롭힘은 교육 시스템 전반에서 시간과 비용을 낭비하게 만들고, 학습을 확실하게 망친다. 그 점에는 의문의 여지가 없다.

괴롭힘은 뇌를 손상시킨다

교육 전문가들은 수년 전부터 학교 폭력의 위험성을 꾸준히 경고했다. 실제로 많은 양심적인 학교 관리자들이 이를 줄이기 위해 다양한 방식으로 노력해 왔다.

2011년 3월, 학교나 온라인에서 놀림을 받던 청소년 여섯 명이 극단적인 선택을 한 사건이 보도되었다. 몇 주 뒤 당시 대통령이었던 버락 오바마는 학교 폭력 근절을 위한 최초의 백악관 회의를 열었다. 자신 역시 어릴 적 학교 폭력의 희생자였다는 사실을 밝힌 오바마는 "학교 폭력을 성장 과정에서 누구나 겪는 일이라고 생각하는 사람들의 통념을 깨는 것"이 목표라고 말했다.[2]

실제로 최근의 많은 연구는 학교 폭력이 피해자에게 평생 지속되는 후유증을 남긴다는 사실을 보여 준다.[3] 또한 학교 폭력을 가장 효과적으로 예방할 수 있는 방법도 제시되고 있다. 안타깝게도 이 연구들은 또 한 가지 사실을 분명히 보여 준다. 내가 중학교 1학년 때 겪은 괴롭힘이, 적어도 어떤 측면에서는 오늘날에도 수백만 명의 학생들에게 일상적으로 벌어지고 있다는 것이다.

우선 나는 괴롭힘이 가장 빈번하게 발생하는 곳인 중학교에서 괴롭힘을 당했다. 보고된 사례의 40퍼센트 이상이 6~8학년 학생들에게서 발생하는데, 초등학교나 고등학교에서 보고되는 비율의 두 배가 넘는다.[4] 게다가 나는 학습 능력에 문제가 있고 자존감도 극히 낮았다.[5] 또한 남자아이였기 때문에 괴롭힘의 대상이 될 가능성도 더 컸다.[6]

내가 겪은 괴롭힘이 지속적이었다는 점도 전혀 예외적인 일이 아니다. 피해자 다섯 명 중 한 명은 한 달에 한두 번 괴롭힘이나 놀림을 당한다고 말하며, 열 명 중 한 명은 일주일에 여러 번, 심지어 거의 매일 괴롭힘을 당한다고 답했다.[7] 내가 침묵을 지킨 것 역시 드문 경우가 아니다. 조사 결과 피해자 중 3분의 1이 괴롭힘을 당한다는 사실을 학교에 한 번도 신고하지 않았다고 한다. 대신 현실에 관심을 끄거나 마음의 문을 닫아 버린다.

많은 아이가 자신이 괴롭힘을 당한다는 사실을 인정하는 대신, 아픈 척하거나 다른 핑계를 대며 학교를 피하려 한다. 미국 학교심리학자협회NASP, National Association of School Psychologists에 따르면 매일 16만 명이나 되는 아이들이 학교 폭력이 두려워 학교에 가지 못하고 있다. 중학생 대시 시얼리 가울랜드Dash Seerley Gowland 는 ADHD 진단을 받았고, 교실 안팎에서 매일 놀림을 당했다. 그는 자신의 어머니에게 보내는 편지에 이렇게 적었다.

"아침에 눈을 뜨면 학교 가기가 너무 싫어서 미친 뱀장어처럼 배가 뒤틀려요. 학교 가는 게 겁나서 계속 토하려고 해요. 토하면 학교에 안 가도 될까 봐요. 하지만 엄마는 다 알아차리죠. 칼로 찌르는 듯한 고통을 함께 느끼면서도, 저를 학교에 보내죠."[8]

그의 비유가 암시하듯, 사회적으로 거부당하는 고통은 여러 면에서 신체적 고통에 필적한다. 외로움을 겪는 아이들에게도 그렇고, 그 고통을 함께 느끼는 부모에게도 마찬가지다. 신경과학자들은 이 두 종류의 고통이 뇌의 동일한 영역을 활성화한다는 사실을 밝혀냈다. 구체적으로는 이차체성감각피질secondary somatosensory cortex과 등쪽후부섬엽dorsal posterior insula이다.[9]

물론 놀림당하는 것이 칼에 찔리는 것과 완전히 같다고 할 수는 없다. 하지만 뇌가 이 두 경험을 놀라울 만큼 비슷하게 처리한다는 점은 지나칠 수 없는 사실이다. 그렇다면 이런 생각이 들 수밖에 없다. 만약 아이가 학교에서 '칼에 찔린 것과 다름없는 신경학적 상처'를 안고 돌아왔다면, 우리는 과연 그 아이에게 그 정도는 참고 견디라며 다시 일상으로 돌아가라고 말할 수 있을까?

내 삶은 케이시가 열여섯 살이 되어 운전면허를 딴 뒤 더 이상 통학 버스를 타지 않게 되면서 한결 나아졌다. 하지만 그 뒤로도 2년 동안 나는 그가 나를 쫓아오던 때와 똑같은 감각을 불러일으키는 악몽에 시달렸다.

꿈 이야기는 이렇다. 나는 아이다호 근처에 있는 베어 레이크에서 혼자 노를 젓는 작은 배에 앉아 있었다. 그곳은 우리 가족이 해마다 휴가를 보내던 장소였다. 그런데 갑자기 바람이 몰아치더니 고층 빌딩만큼 높은 파도가 일어났다. 나는 내가 무언가 잘못을 저질러 그 배에 타게 되었다는 사실은 알았지만 무슨 잘못을 저질렀는지, 어떻게 거기서 빠져나올 수 있는지는 몰랐다. 멀리 등대의 불빛이 보였지만 그쪽을 바라볼 때마다 내 배는 점점 작아졌다. 배가 계속 작아지다가 마침내 파도가 나를 아래로 끌어당기는 느낌이 들면, 온몸이 땀에 흠뻑 젖은 채 잠에서 깨어나곤 했다.

지금에서야 안 사실이지만, 그것은 대시 가울랜드를 비롯한 많은 사람과 마찬가지로, 공포가 내 혈류 깊숙이 스며들어 생긴 결과였다. 그 형태 중 하나가 바로 '코르티솔'이라는 화학물질이다. 코르티솔은 위협을 느끼는 순간 몸과 뇌에서 급격히 분비된다. 그 목적은 포유류의 몸에 비상 동원령을 내리는 것이다. 즉, 재빨리 움직여 도망치거나 싸울 수 있도록 에너지를 한꺼번에 끌어모으는 역할을 한다. 이는 휴식 상태에서 이루어져야 할 정상적인 유지·보수 기능을 희생시키면서 작동하는 일종의 응급 대응 체계다. 마치 병원에서 응급 환자가 발생하면 모두가 뛰어나와 환자를 함께 나르는 것과 비슷하다.

대다수 포유류의 경우 이런 시스템이 잘 작동한다. 스탠퍼드 대학교에서 스트레스를 연구하는 과학자 로버트 사폴스키**Robert Sapolsky**의 말처럼 "이 행성에 사는 생명체의 99퍼센트에게 스트레스란 약 3분간의 비명 섞인 공포일 뿐이다. 그 뒤에는 상황이 끝나거나, 아니면 본인이 끝난다."[10] 하지만 나머지 1퍼센트, 현대의 인간에게는 문제가 있다. 우리는 내일을 걱정할 수 있는 아주 특이한 능력을 지녔기 때문이다. '케이시가 내일은 또 어떤 지옥을 안겨 줄까?' 같은 생각 말이다.

이런 스트레스가 반복되면 코르티솔은 하루에도 몇 차례씩, 며칠이고 몇 달이고 계속 분비된다. 그러다 보면 사폴스키의 연구가 보여 주듯, 결국 몸의 정상적인 유지·관리 시스템이 무너진다. 특히 학습에 이미 어려움을 겪고 있는 아이들에게 가혹한 아이러니는, 그 손상 중 일부가 기억을 담당하는 뇌 구조인 해마**hippocampus**에서 일어난다는 점이다. 코르티솔에 지속적으로 노출되면 해마의 세포들이 쪼그라들고 결국 죽어 버린다.

이것이 바로 괴롭힘이 아이를 바보로 만든다는 말의 의미이다.[11] 이런 영향은 시간이 지나며 서서히 쌓일 뿐 아니라 그 순간에도 즉각적으로 드러난다. 평소라면 작업 기억 능력이 평균 수준인 사람도 위협받는 상황에 처하면 하위 2퍼센트 수준으로 떨어질 수 있다(바로 나의 작업 기억 수준이다).[12] 그만큼 영향이 크다는 뜻이다. '비명을 지를 만큼의 공포'가 지배하는 순간에는 학습이 우선순위가 될 수 없다. 그래서 학습을 돕는 뇌의 기능들은 사실상 하나둘씩 작동을 멈춘다. 호기심은 뒷전으로 밀려나고, 판단력과 자기 통제력 역시 마찬가지다.

이 이야기가 더욱 가슴 아픈 이유는, 이미 행동 문제 때문에 괴롭힘이나 처벌의 대상이 된 아이가 지속적인 위협 속에 놓이면 오히려 더 나쁘게 행동할 가능성이 크다는 점이다. 그 결과 그는 다시 더 큰 표적이 된다. 부모에게 체벌당한 아이들에게 나타나는 현상과 마찬가지로, 이는 부정적 피드백 루프가 하강의 소용돌이를 만들어 내는 전형적인 사례다. 그 끝은 대개 약물 중독, 자살 시도, 피해자가 또 다른 가해자가 되는 비극으로 이어진다.

피해자들 중 상당수가(놀랍게도 가해자들 또한) 불안과 우울로 고통받는 반면, 공감을 얻기 어려운 특성을 발달시키게 된다. 방어적으로 변하고 쉽게 짜증을 내며, 사소한 자극은 물론 존재하지도 않는 도발에까지 과민하게 반응하여 언쟁을 벌이기도 한다. 이런 경우 종종 '반항성 장애ODD, oppositional defiant disorder'라는 진단으로 이어진다.[13]

연구에 따르면 ADHD 진단을 받은 아이 중 60퍼센트 정도가 다소 논란이 많은 이러한 진단 기준에도 해당한다. 정신의학의 기준서라 할 수 있는『정신 질환 진단 및 통계 편람Diagnostic and Statistical Manual of Mental Disorders』에 따르면, 반항성 장애의 증상에는 잦은 분노 폭발, 어른과의 과도한 논쟁, 규칙에 대한 끊임없는 문제 제기, 실수를 남 탓으로 돌리는 태도 등이 포함된다.

앞서 말했듯 나는 과학적 관점으로 볼 때 진단이라는 꼬리표의 가치에 대해 여전히 깊은 회의를 갖고 있다. 그렇지만 현실적으로는, 적어도 부모나 교사가 아이를 돕기 위한 여정을 시작하는 단계에서는 일부 진단명이 도움이 될 수 있다는 점 또한 인정한다. 그럼에도 솔직하게 말하자면, 많은 아이에게 '반항성 장애'라는 이름표를 붙이는 현실은 나를 말 그대로 짜증나고, 반박하고 싶게 만든다. 이런 진단은 아이의 행동에 대한 책임을 100퍼센트 아이 개인에게 떠넘기는 것이기 때문이다.

실제로는 그 아이가 수년간의 적대적인 대우에 지극히 합리적으로 반응하고 있는 것일 가능성도 크다. 특히 '규칙에 의문을 제기한다'는 항목은 병리의 증상이라기보다, 내가 학생들에게 오히려 길러 주고 싶은 자질이다. ADHD나 난독증 같은 진단 위에 반항성 장애 꼬리표까지 덧씌울 때, 아이들이 왜 그런 방식으로 행동하게 되었는지에 대한 통찰은 빠져 있다. 다시 말해 그런 행동을 만들어 낸 기질과 환경의 상호작용, 그 행동을 지속시키는 피드백 루프에 대한 이해가 완전히 결여되어 있다.

결국 이런 접근은 아이를 '고쳐야 할 생물학적 결함'을 지닌 환자로 정의한다. 마치 그 아이가 원래부터 논쟁적인 성향을 타고 난 것처럼 말이다. 하지만 대개 그렇지 않다. 그런 반항심은 시간이 지나며 축적된 결과인 경우가 훨씬 많다. 나아가 이는 우리가 이제 분명히 아는 사실인, 지속적인 위협 속에서 코르티솔에 반복적으로 잠식되는 경험이 뇌를 손상시킬 수 있다는 점을 완전히 무시하는 것이다.

거부당한 아이의 반사회적 선택

중학교에 들어갈 즈음, 어머니는 내가 사교적인 아이가 아니라는 것을 파악한 상태였다. 그럼에도 나는 내가 겪는 고통을 어머니는 물론, 그 누구에게도 들키지 않으려고 애썼다. 그로 인해 거짓말을 해야 하는 경우도 많았으며, 그 거짓말은 대부분 성공했다.

고등학교 3학년 때 상담을 받으러 갔을 당시, 심리학자 샘 골드스타인의 상담 기록에는 이렇게 적혀 있었다. "토드는 또래들과 우정을 나누려 하고, 또래들 역시 토드를 친구로 찾는다." 안타깝게도 이는 완전히 허구였다.

하지만 골드스타인이 나를 따라다니며 내가 학교에서 어떻게 지내는지 직접 보지 않는 한, 나의 진술과 부모가 제한적으로 관찰한 내용에 의존할 수밖에 없었다. 그런 사실을 잘 알고 있었기에 비참한 내 삶 위에 커다란 웃는 얼굴 스티커를 붙여 놓았고, 심지어 '단짝'까지 만들어 냈다.[14] 자신의 이름이 그렇게 언급된 것을 알면 그 아이는 아마 깜짝 놀랄 것이다.

그때 내가 이야기를 지어낸 것을 기억하지만, 지금의 나는 골드스타인의 보고서가 보여 주는 세세한 묘사에 놀란다. 그는 어린 시절 나의 모습을 매우 깊이 있게 기록했다. 물론 내가 학교에서 얼마나 많은 문제에 휘말리고 있는지는 언급하지 않지만 말이다. 나의 산만함과 집중력 부족에 대해 세 명의 교사가 제기한 불만을 인용하기는 했지만, 그의 보고서만 읽어서는 내가 얼마나 많은 시간 벌을 받으며 보냈는지, 매일의 삶이 얼마나 처참하고 비참했는지 전혀 짐작할 수 없다.

보고서에 적힌 것처럼 내가 친구로 '찾아지는' 아이였던 것은커녕 기억 속의 나는 스테판이라는 또래 아이를 질투하느라 속이 타들어 가고 있었다. 지금은 이유조차 잘 기억나지 않지만, 그는 휠체어에 의지해 생활했다. 평소 나를 괴롭히는 데서 즐거움을 찾던 인기 많은 아이들은, 이번에는 자신들이 얼마나 착한 사람인지를 보여 주기라도 하듯 눈에 띄는 장애가 있는 그를 자신들 무리에 끼워 주었다. 학교에서 돌아가며 그의 휠체어를 밀어 주기까지 했다. 나는 한때 그 아이와 자리를 바꾸는 꿈을 꾸었다.

과연 골드스타인이나 어머니가 내가 마음을 열고 우울한 속내를 털어놓게 할 방법이 있었을까? 그런 방법은 없었을 것이다. 지금의 내가 시간을 거슬러 올라가 어머니의 귀에 속삭일 수 있다면 해 줄 수 있는 조언은 단 하나뿐이다. 어머니가 알고 있는 내 학교생활의 어려움은 차갑고 외로운 빙산의 끝부분에 불과하다는 것. 그 시점에서 부모님이 나를 위해 할 수 있는 일은 사실 많지 않았다. 우선 우리는 사립학교로 옮길 여유가 되지 않았고, 아무리 기세 있고 에너지 넘치는 어머니라 해도 그 많은 아이들에게 나를 친절하게 대하라고 강요할 수는 없었기 때문이다.

어머니가 할 수 있었던 일은 그저 나를 이해하려고 애쓰는 것이 전부였다. 그리고 내 불행이 깊어질수록, 나는 어머니가 나를 이해하는 일을 훨씬 어렵게 만들었다. 지금도 그 시절 내가 가족들을 얼마나 모질고 날선 태도로 대했는지 떠올리면 마음이 너무나도 무겁다. 지금의 내 삶에서 가족이 차지하는 비중이 이렇게나 크고 소중한데, 그때로 돌아가 그 부분을 바꿀 수 있다면 얼마나 좋을까 싶다.

스스로를 변호한다면, 당시 나는 다른 사람들로부터 공감을 거의 받아 본 적 없었기 때문에 나 또한 그것을 다른 이에게 건 넬 수 있는 상태가 아니었다. 게다가 내가 살았던 세계는 늘 공격 에 대비하고 그 공격을 버텨 내는 데 시간을 써야 하는 곳이었다. 그런 환경에서 공감은 아무 도움도 되지 않는 자질이었다. 그때의 나에게 주어진 선택지는 두 가지였다. 공격당하느냐, 공격하느냐. 그리고 나는, 적어도 피해자가 되지 않는 쪽을 택했다.

나는 나처럼 어딘가 어긋난 아이들과 어울리기 시작했고, 낮 선 사람들을 향해 분노를 표출했다. 우리는 야구방망이로 우편함 을 부수고 다녔고, 한두 번은 지나가는 차를 향해 불이 붙은 폭죽 을 던지기도 했다. 어느 날 밤에는 어둠을 틈타 도로 옆 나무에 올 라가 지나가는 자동차 앞에 허수아비를 떨어뜨렸다. 호박으로 머 리를 만들고 셔츠와 바지 속은 온통 토마토로 채운 것이었다. 가 로등도 하나 없는 길이었기에, 그 물체가 갑자기 차에 부딪히자 운전자는 너무 놀라 차에서 뛰쳐나와 비명을 질렀다. 누군가를 다 치게 했거나, 심지어 죽인 줄 알았던 것이다.

또 아무도 없는 이웃집에 들어가 현금을 훔치기도 했고, 한 동안은 친구와 만든 가짜 신분증을 팔기도 했다. 그 친구는 컬러 프린터가 있었고, 나는 자동차 관리국에서 슬쩍 가져온 플라스틱 케이스가 있었다. 당시 나는 정식 수입이 전혀 없었기 때문에, 신 분증 한 장에 100달러씩 받으며 벌어들인 꽤 큰돈을 친구들에게 아침을 사주는 데 썼다.

이런 일들은 분명 평범한 고등학생들의 철없는 장난 수준을 훨씬 넘어선 것이었다. 운이 좋아 소년원에 가지 않았을 뿐이다. 다른 사람의 안전과 나 자신의 안전을 위협했던 그 당시 악행들을 떠올리면 20년이 지난 지금도 마음이 괴롭다. 그런 행동에 대해 변명할 생각은 없다. 다만 설명하자면, 나는 어느 순간 부정적인 피드백 루프 속에 갇혀 버렸고, 정확히 말하자면 하염없이 아래로 휘몰아치는 소용돌이 속으로 빨려 들어가는 상황이었다.

돌아보면 아버지도 나와 함께 그 소용돌이에 갇혀 있었다. 아버지는 나를 벌했고, 그러면 나는 다른 사람들에게 상처를 주거나 선생님이나 어머니에게 대들었다. 그 뒤에는 더 강한 벌이 이어졌고 그런 일이 끝없이 반복됐다. 아버지 때문에 그런 행동을 하게 되었다고 말하는 것이 아니다. 그렇지는 않았다. 오히려 그 시절 아버지가 느꼈을 감정에 공감한다. 내가 감옥에 가거나 더 나쁜 길로 빠질까 봐 겁에 질린 채, 분노와 두려움을 느끼며 자신이 아는 유일한 방식으로 막으려 했을 뿐이다. 그 방식은 점점 더 엄격해지는 처벌이었고, 그럴수록 나는 아버지로부터 멀어졌다.

우리의 충돌은 부부 사이도 금 가게 했다. 아버지는 어머니가 나를 제대로 혼내지 않고 지나치게 감싼다고 비난했다. 하지만 사실 어머니가 아버지보다 내 행동에 더 분노하고 있었다. 그럼에도 인생에서 가장 위태로운 시기, 마치 세상이 무너지는 듯한 상황에 처한 아이를 위해 어머니는 누군가는 한발 물러서야 한다는 걸 알았다. 맞서고 부딪히며 부정적인 피드백 루프를 키우는 대신, 그 것을 끊고 긴장을 낮출 사람이 필요하다는 걸 말이다.[15]

우리는 대개 양육이 일방적인 과정이라고 생각한다. 부모가 아이에게 영향을 미칠지언정 아이가 부모를 바꾸지는 않는다고 말이다. 하지만 어머니는 내가 사춘기라는 불길 속을 헤쳐 나오는 동안 완전히 달라졌다. 아버지는 대다수의 시간을 직장이나 학교 에서 보냈기 때문에, 실제로 나를 돌보던 어머니는 살아남기 위해 진화해야만 했다. 내 뇌의 작동 방식을 공부하면서 동시에 자신의 뇌와 반응 방식도 더 깊이 이해하게 되었다. 그 과정은 어머니를 자신의 감정을 스스로 돌아볼 수 있는 사람으로 만들었다. 덕분에 감정을 조절하는 힘도 커졌다. 아버지 역시 시간이 지나 같은 변 화를 겪긴 했지만, 같은 불길 속에서 단련된 것은 아니었다.

어머니의 그러한 변화는 자신의 친구 폐기에게 욕을 하던 날 분명히 드러났다. 훗날 어머니는 그 일을 회상하며 말했다. 겉으 로는 내가 센 척을 하고 있었지만, 사실은 단 한 사람이라도 무조 건적으로 편이 되어 주길 간절히 바라는 걸 알았다고. 그리고 그 시점에서 자신이 나서지 않으면 아무도 그러지 않을 것 같았다고 말이다. 어머니는 친구들이 계속해서 나를 '가망 없는 문제아'로 규정한다면, 설령 그게 오랜 친구라 할지라도 자신은 나를 선택하겠다는 사실을 분명히 했다.

그날 이후 어머니는 확고한 내 편이 되어 주었다. 내 끔찍한 행동을 변명해 준 것은 아니었다(다행히도 내 최악의 행동들은 그 당시 어머니의 귀에 들어가지 않았다). 다만 적어도 세상에 나를 편들어 줄 사람이 한 명은 있다는 사실을 분명히 알게 해 주었다.

지금에 와서 특히 고마운 어머니만의 규칙이 하나 있다. 내가 이미 다른 곳에서 충분히 대가를 치렀다고 판단되면, 원래 계획해 두었던 벌(대개는 내가 받을 만한 것이었지만)을 일부러 미루거나 거둔 것이다. 그 당시 어머니는 내가 감당할 수 있는 부정적인 자극에는 한계가 있고, 그것을 넘어서면 내가 아예 마음의 문을 닫을 거라고 생각했다. 이는 장기간 높은 코르티솔에 노출되면 뇌에 얼마나 해로운 영향을 미치는지를 떠올려 보면, 거의 통찰에 가까운 판단이었다.

"네가 사람들에게 밉살스럽고 짜증 나는 존재일 수 있다는 사실을 외면하고 싶지는 않았어." 어머니는 늘 그렇듯 외교적인 표현 따위는 생략한 채 훗날 내게 이렇게 말했다. "그래서 어디서 싸우고 어디서 물러나야 할지를 배워야 했지. 누군가 널 사랑하지 않거나 좋아하지 않는 건 괜찮았어. 솔직히 나한테도 가끔은 쉽지 않았으니까. 하지만 너를 공격한다면 그땐 각오해야 했어."

자존감을 단단하게 지켜 준 두 가지 방법

시간이 지나면서 어머니가 나를 위해 전면전에 나서는 모습을 지켜보는 일은 내게 가장 큰 기쁨이 되었다(물론 남몰래 누리는 기쁨이었다). 고등학교와 교회의 선생님들 모두가 어머니를 함부로 건드리면 안 된다는 걸 곧 깨달았다.

예컨대 패션 감각이라고는 찾아볼 수 없는 주일학교 선생님이 검은 리넨 재킷을 입고 소매를 걷어 올린 나를 놀린 적이 있었다(인기 드라마 주인공의 옷차림을 따라 한 것이었다). 어머니는 어김없이 그에게 전화해 호되게 질책했다. 그 무렵 나는 옷에 유난히 집착했다. 몇 달 동안 용돈을 모아 한 디자이너의 청바지를 살 정도였다. 적어도 패션 감각만큼은 또래 친구들이 경외의 눈으로 바라봐 주길 기대하면서 말이다. 하지만 이 경우, 리넨 재킷을 사려고 몇 달간 돈을 모은 사람은 바로 어머니였다. 그래서 주일학교 선생님의 놀림이 어머니를 더 격분하게 만들었다.

동시에 어머니는 내가 진정으로 유능하다고 느낄 수 있는 기회를, 조금이라도 빛날 수 있는 순간을 끊임없이 찾아다녔다. 그래서 내가 고등학교 1학년 때 농구부에 들어가자 나보다 더 기뻐했다. 내가 출전한 경기는 빠짐없이 관람했을 뿐만 아니라, 밤늦도록 집 진입로에 설치된 농구 골대에서 내가 놓친 공을 주워 주기도 했다. 성적이 너무 떨어져 학교에서 나를 팀에서 빼려고 했을 때도 어머니는 내 편에 섰다. 심지어 소아과 의사까지 증인으로 불러 내가 농구마저 그만두면 그나마 남아 있는 학교에 대한 미약한 애정마저 사라지고 말 것이라고 주장했다.

어머니의 노력은 내가 심리학자 밥 브룩스Bob Brooks가 말한 '유능함의 섬들islands of competence'을 쌓을 수 있도록 도와주었다. 그곳은 내가 안전하다고 느끼고 어느 정도 통제력을 가질 수 있었던 작은 요새들이었고, 동시에 자존감을 닻처럼 붙잡아 둘 수 있는 장소였다. 어머니의 취향과는 아무 상관이 없었다. 어머니는 항상 이것이 내 삶이며, 내가 즐길 수 있는 것들을 스스로 찾아야 한다고 강조했다. 어머니가 보기에 내가 어떤 활동을 선택했는지보다 더 중요한 것은, 그것이 합법적이기만 하다면 그 선택이 내가 한 것이고, 그 활동을 통해 내가 유능하다고 느낄 기회를 가질 수 있는지에 관한 것이었다.

이후 나는 시간 낭비처럼 보인다는 이유로 아이를 특정 활동에서 멀어지게 하려는 부모들을 자주 만나 왔다. 하지만 내 생각은 다르다. 아이가 체스를 두는 데서든, 돌을 모으는 데서든, 동네에서 게임을 가장 잘한다는 데서든 자부심을 느낄 수 있다면 그로부터 얻는 가치는 모두 같다. 중요한 것은 무언가를 해냈다는 감각, 그 일을 잘 해냈다는 자부심이다. 그리고 대부분의 경우 그런 감정은 아이에게 매우 드물고 소중한 경험이다.

어머니가 분명히 이해하고 있었던 또 한 가지는, 농구처럼 작은 '유능함의 섬들'이 절대로 아이의 행동을 길들이기 위한 협상 카드로 사용되어서는 안 된다는 것이었다. 아이의 행동을 개선시키기 위해 부모로서 쓸 수 있는 어떤 요소라도 활용하고 싶은 게 자연스럽다는 것을 나도 안다. 그리고 실제로 이런 방식이 대부분 아이에게 효과가 있을지도 모른다.

하지만 자존감이 무너진 아이가 스스로를 다시 세우기 위해 긍정적인 관심을 절실히 필요로 하는 경우라면, 이 전략은 역효과를 낼 확률이 매우 높다. 이 유능함의 섬들은 거친 바다 한가운데 놓인 피난처와 같다. 동시에 외로운 아이들이 자신과 같은 관심사를 가진 또래들과 친구가 될 수 있는 가장 이상적인 장소이기도 하다. 아이가 스스로를 긍정적으로 바라볼 수 있는 단 하나의 이유마저 빼앗아 버린다면, 그 아이가 왜 노력하려고 하겠는가?

아버지를 비롯한 주변 사람들이 나를 응석받이로 키운다고 비난했을 때, 어머니는 자신과 비슷한 틀 밖의 접근을 이해해 주는 동료들을 찾아 현명하게 대응했다. 까다로운 아이를 키우는 부모에게는 강력한 정서적 지지가 필요하고, 다행히 요청하면 그런 지원을 받을 수 있는 경우가 있었다. 비록 마땅히 있어야 할 만큼 충분하지는 않지만 말이다. 어머니는 어머니가 내 편을 드는 것을 지지하는 든든한 사람들로 작은 팀을 꾸렸다. 팀에는 어머니의 언니, 심리학자로 일하는 친구, 그리고 어머니의 어머니, 버턴 할머니가 포함되어 있었다.

불운한 상황에서도 어떤 아이들은 회복력을 보이는 반면, 어떤 아이들은 무너져 내리는 이유를 분석한 여러 연구는 한 가지 공통점을 반복해서 발견해 왔다. 바로 부모가 아닌 어른과 맺는 무조건적인 사랑의 관계다. 어린 시절 내내 할머니는 그런 어른 역할을 충실히 해 주었다. 내가 할머니를 필요로 할 때를 기가 막히게 알아차리는 신비로운 감각도 지니고 있었다. 어린 시절 좋은 기억들 가운데 상당수는 할머니 댁에서 하룻밤을 보내던 때다. 돌아보면 그 밤들 대부분은 사실 부모님이 절실히 숨을 돌릴 시간이 필요했던 순간들이기도 했다.

할머니와 보내는 일상은 특별한 것이 아니었다. 시즐러에 가서 값싼 스테이크를 먹고, 밤늦게까지 보드게임을 하며 노는 일정이었다. 다른 어른들과 달리 할머니는 나를 고치려 하거나 바꾸려 하지 않았다. 학교에서 어떻게 지내는지 묻지도 않았다. 대신 나의 어설픈 유머 감각을 칭찬해 주었으며, 나아가 웃음의 타이밍, 재치와 빈정거림 사이의 미묘한 경계에 대해서도 가르쳐 주었다. 나는 다른 사람들을 웃게 만드는 데, 특히 할머니의 인정을 얻는 데 무척 열중했다. 할머니의 인내심 있는 가르침 아래에서, 그 일은 드물게 스스로를 절제하는 연습을 한 순간이었다.

할머니의 타이밍 감각은 유머에 있어서만이 아니라 전반적으로 탁월했다. 할머니는 내가 사랑받고 있다는 사실을 보여 줄 수 있는 순간을 한 번도 놓치지 않았다. 열한 살 때는 이런 일이 있었다. 탁자 옆을 뛰어가다가 실수로 향수병을 넘어뜨린 것이다. 자동차 모양의 병이었고, 할머니가 그동안 만지지 말라고 여러 번 당부한 것이기도 했다.

그 향수병은 할머니에게 아주 중요한 물건이었다. 할머니의 아버지가 세상을 떠났을 때 그의 집에서 가져온 것이었고, 할머니가 간직하고 있던 몇 안 되는 유품 가운데 하나였기 때문이다. 나는 할머니가 몹시 화를 낼 것이라 생각했다. 늘 다른 사람들의 물건을 망가뜨리곤 했으니까. 할머니가 바닥에 흩어진 조각들을 쓸어 담는 동안, 나는 눈을 마주칠 엄두도 내지 못했다. 마침내 눈이 마주쳤을 때 할머니가 한 말은 이것뿐이었다. "사람이 물건보다 중요하단다."

병이 깨진 일로 얼마나 마음이 아팠는지를 할머니가 털어놓은 건 훨씬 나중 일이었다. 하지만 그 순간 할머니는 전략적으로 사고했다. 그때야말로 내가 할머니에게 얼마나 소중한 존재인지 증명할 수 있는 기회라는 걸 알아차린 것이다. 할머니는 그 기회를 온전히 잡았다.

안타깝게도 할머니는 그 뒤로도 여러 번 내가 벌인 온갖 소동 앞에서 과잉 반응을 자제해야 할 순간들을 마주한다. 무엇보다도 내가 가장 고맙게 여기는 순간은, 중학교 1학년 악취 폭탄 사건 이후였다. 그 일은 평소의 충동적 행동보다 훨씬 심각해서 어머니는 너무 큰 충격을 받아 하루 종일 내게 말을 걸지 않았다. 아버지 역시 나를 완전히 무시했다.

나는 방에 혼자 앉아, 마침내 내가 두 사람 모두의 인내심을 넘어서 버렸다는 확신에 사로잡혀 있었다. 할아버지가 부모님에게 버림받은 것처럼 나 역시 버림받는 건 아닐지, 결국 고물 더미 같은 곳에서 살아야 하는 건 아닐지 상상하며 떨고 있었다.

그때 방문을 두드리는 소리가 들렸다. 대답도 하기 전에 할머니가 리본으로 묶인 흰 상자를 들고 방으로 들어왔다. 할머니는 웃지 않았지만 침대에 앉아 내 눈을 똑바로 바라보며 선물을 건넸다. 상자 안에는 스판덱스 반바지가 들어 있었다. 1987년 무렵 우리 동네에서 매우 유행하던 옷으로, 몇 달 동안 갖고 싶어 했지만 부모님 형편상 살 수 없다는 걸 알고 있었던 바로 그 물건이었다 (할머니 역시 형편이 넉넉하지 않았다는 사실도 나는 알고 있었다).

할머니는 그저 이렇게만 말했다. "네가 한 일이 자랑스럽기 때문이 아니야. 널 사랑하기 때문이지."

앞에서도 여러 번 말했듯, 어머니에게 큰 빚을 지기는 했지만 나를 변하게 한 단 하나의 순간이나 한 사람을 꼽을 수는 없다. 그럼에도 할머니의 그 선물만큼은, 그 시점에 그보다 더 적절하거나 중요한 선택은 없었을 거라고 확신한다. 솔직히 그런 상황에서 선물을 하라고 처방할 심리학자나 육아 전문가를 찾기는 힘들 것이다. 아마 대부분의 전문가는 그것이 내 공격적인 행동에 대한 보상처럼 보인다며 할머니의 결정을 비난했을지도 모른다.

다행스럽게도 할머니는 전문가와 상의하기보다는 자신의 직감을 믿었다. 그 직감은, 내가 여전히 사랑받을 자격이 있는 존재라는 사실을 알려 주라고 할머니에게 말하고 있었다.

- 매년 약 1,300만 명의 아동이 괴롭힘이나 놀림을 당하고 있으며, 이 중 130만 명은 신체적 폭력을 경험한다.
- 학교 폭력은 중학교에서 가장 흔하게 일어난다. 여학생보다 남학생에게서 더 자주 나타나며, 겉으로 드러나지 않고 오랜 기간 지속되는 경우가 많다.
- 위협을 느낄 때 스트레스 호르몬인 코르티솔이 뇌와 신체로 대량 분비된다. 이 상태가 장기간 지속되면, 기억과 주의력에 필수적인 뇌 부위가 손상될 수 있다.
- ADHD 진단을 받은 아이들 가운데 최대 60퍼센트까지 해당될 수 있는 '반항성 장애' 진단은, 의학적 질환이라기보다 수년간 부정적 반응이 축적되며 형성된, 통제 불능의 부정적 피드백 루프의 결과일 확률이 높다. 이는 어떤 아이의 정서적 어려움도 충분히 설명해 주지 못한다.
- 아침에 반성실에 보내지면, 적어도 점심시간에 혼자 있지는 않아도 된다.

☐ 아이가 부당한 대우를 받는다면 진정으로 아이 편에 서는 모습을 보여 줄 기회로 삼아라. 말보다 행동이 훨씬 강력하다.

☐ 아이가 친구들 사이에서 고립되어 보이고 쉽게 짜증을 내며 학교 가기를 꺼린다면, 의학적 진단을 받기 위해 노력하는 만큼 아이가 처한 환경의 질을 살피는 데도 시간을 써야 한다.

☐ 부정적인 행동을 바로잡는 데서 멈추지 말고 긍정적인 요소를 더하라. '유능함의 섬들'을 함께 만들고 그것을 지키기 위해 최선을 다하라. 아이에게 농구 경기나 학예외 같은 한 가지 기대할 거리가 있다면, 벌이라는 이유로 그것마저 빼앗지 마라.

☐ '스퀘어 펙' 아이에게는 가족 외에 자신을 인정하고 지지해 주는 어른이 최소 한 명은 필요하다. 그런 어른이 아이의 삶에 존재할 수 있도록 힘껏 지원하라. 주변 사람들에게 도움이 될 수 있는 역할이 무엇인지 알려 주는 것도 좋다. 놀랍게도 많은 이모와 삼촌들이 기꺼이 '착한 역할'을 맡아 줄 것이다.

5장

변화의 스위치

"그 역할을 연기하다 보면,
어느새 그 사람이 되어 있을 것이다."

_ 미상

반대 전략

고등학교 2학년이 되었을 때 내 성적은 바닥을 쳤고 사회적 지위는 그보다 더 낮았다. 여전히 친한 친구가 한 명도 없었고, 여자아이들 역시 대놓고 나를 무시하거나 조롱했다. 학교 댄스파티에 단 한 번 참석한 적이 있는데, 그날조차도 파트너가 있었던 건 그 아이의 어머니가 "옳은 일을 해."라고 말했기 때문이다. 그 아이는 다른 사람과 춤추고 싶어 했지만 내가 먼저 데이트를 신청했다는 이유로 나를 선택해야 했다. 나는 불행했고 어머니와 동생들에게 끊임없이 시비를 걸며 그 불행을 떠넘겼다.

그런데 열일곱 번째 생일을 몇 주 앞둔 어느 시점, 나와는 전혀 상관없는 사건들이 우연히 맞물리며 내가 처한 환경을 바꾸었다. 그런 변화는 결국 나 자체를 바꾸어 놓게 된다.

　내가 초등학교 6학년부터 고등학교 2학년까지 힘겹게 버텨 내는 동안 아버지는 나름대로 야망을 실현하기 위해 고군분투했다. 아버지는 몇 년 동안 낮에는 정비소에서 일하고 밤에는 대학에서 공학 수업을 들었다. 그러던 어느 날 아침, 느닷없게도 아버지는 에어백을 만드는 회사에 새 직장을 얻었다고 말했다. 그래서 우리 가족은 후퍼를 떠나 약 20킬로미터 떨어진 레이턴으로 이사하게 되었다. 그곳은 인구가 5만 8,000명 정도 되는 비교적 큰 도시였다. 아버지의 새 연봉 덕에 우리는 훨씬 좋은 집을 얻을 수 있었고 나는 새로운 학교에 다니게 되었다.

　내 또래 많은 아이가 대개 친구들과 헤어져야 한다는 사실에 슬퍼했을지도 모르지만 나는 기뻤다. 완전히 새로운 또래 집단 속에서 나 자신을 다시 만들어 볼 기회라고 느꼈기 때문이다. 학업적인 의미는 아니었다. 레이턴에서 받은 성적표들이 곧 보여 주겠지만, 성적은 전혀 내 관심사가 아니었다.

　내가 가장 바란 것은 학교에서 놀림당하거나 맞거나 침을 맞지 않는 것이었다. 그다음으로 원한 것은 새로운 친구들이었다. 성적보다 친구를 더 중요하게 여겼다는 점이 이해하기 어려울지도 모르겠다. 하지만 성적이 친구보다 중요하다고 말하는 사람 가운데 내가 아는 한 친구가 없는 사람은 없었다. 그때의 나처럼 고립되어 있다면, 다른 모든 것은 아무 의미가 없다.

새 학교에서 한 행동이 전략적 판단의 결과인 것은 아니었다. 당시 나는 '어떻게 행동하면 안 된다'는 것만 알고 있었기 때문이다. 하지만 결과적으로는 그것만으로도 충분했다.

돌아보면 그 당시 나의 상황은 오래 전 드라마 「사인펠드」에 나온 한 에피소드와 흡사했다. 사인펠드는 무기력한 친구 조지에게 이렇게 말한다. "너의 본능이 지금까지 다 틀렸다면 그 반대는 맞겠지." 조지는 그 말에 수긍하고는 즉각 자신이 행동하던 것과 반대로 행동하기 시작했다. 점심 메뉴를 완전히 다르게 주문하는 것부터 처음 만난 아름다운 여성에게 자신이 실업자이고 부모와 산다는 사실을 솔직히 털어놓는 것까지, '반대 조지' 전략은 그에게 데이트 기회를 가져다주었다.[1]

비슷한 마음으로 '반대 토드' 전략을 세웠다. 사람들에게 거부감을 주는 내 행동이 무엇인지는 대략 알고 있었다. 너무 가까이 다가갔고, 자랑을 과하게 했으며, 말을 자주 끊었고, 늘 분위기에 맞지 않는 말을 했다. 이런 문제들 하나하나를 어떻게 고쳐야 하는지는 알지 못했지만, 나와 달리 모든 일을 제대로 해내는 사람을 본보기로 삼으면 앞으로 나아갈 수 있을 것 같았다.

나는 마침내 전에 다니던 고등학교의 미식축구팀 쿼터백이었던 지미라는 아이를 롤 모델로 삼기로 결정했다. 성격이 너무 좋아서 가끔은 내가 곁에 다가가도 받아 주었다. 레이턴 고등학교에 등교한 첫날부터 나는 모든 사회적 상황에서 스스로에게 이렇게 물었다. "지미라면 어떻게 했을까?"

지미를 흉내 내는 것만으로도 나는 많은 것을 배웠다. 무엇보다도 내 삶을 비참하게 만들었던 부정적 피드백 루프에 나 자신이 무의식적으로 기여하고 있다는 사실을 깨달았다. 예컨대 인사법 하나만으로도 사람들을 밀어냈었다. 나는 습관적으로 "야, 멍청아. 뭐 하냐?"라고 인사했다. 그게 웃기다고 생각했고, 다른 사람들이 늘 내게 그렇게 말했기 때문에 자연스럽다고 생각했다.

하지만 지미는 사회적 지위가 높든 낮든 누구에게도 그런 식으로 인사하지 않았다. 대신 그는 "잘 지내, 멋진 친구?"라고 인사했고 늘 미소로 답을 받았다. 레이턴 고등학교에서 처음으로 그렇게 인사해 봤을 때, 나는 똑같은 반응을 마주했다. 그 순간 깨달음을 얻었다. 사람은 누구나 칭찬받고 싶어 한다는 것이다. 그런 통찰이 하나둘 쌓이면서 어느새 나는 내가 보기에도 다른 사람으로 변해 가고 있었다. 아이들이 진짜로 좋아해 주는 사람 말이다.

받아들여지기 위해선 다른 사람이 되어야 한다는 사실이 조금은 쓸쓸하게 느껴지기도 했다. 성장하는 동안 우리는 늘 "그냥 너 자신이 되어라." 같은 말을 듣기 마련이니까. 그래서 처음에는 지미를 흉내 내는 일이 결코 '있는 그대로의 나'로는 사랑받을 수 없다는 사실을 인정하는 것처럼 느껴졌다. 시간이 지나서야 나는 나 자신이 아니라, 오랫동안 내게 해가 되었던 행동 방식들을 바꾸었을 뿐이라는 것을 깨달았다. 게다가 성공 앞에서는 반박하기 어렵다. 어느 날 문득 주변을 둘러보니, 나 자신이 십대 사회의 정점에 앉아 있었다.

인식이 현실을 만든다

레이턴 고등학교 아이들 사이에서는 범접할 수 없는 곳으로 여겨지던 장소가 하나 있었다. 캠퍼스 중앙에 있는 본관 건물 안 그저 평범한 카펫 계단이었다. 계단 양쪽에 서 있는 거대한 기둥으로 구분되는 이곳을 아이들은 '커먼즈'라고 불렀다.

특권을 가진 몇몇 아이만 이 계단을 이용할 수 있었으며, 나머지 아이들은 감히 다가갈 수 없었다. 대부분 아이는 그 기둥 사이를 통과하느니 차라리 돌아서 가는 길을 택했다. 반면 내가 그렇게도 들어가고 싶어 했고, 마침내 기쁜 마음으로 합류하게 된 엘리트 무리 아이들은 계단에 앉거나 서서 자리를 차지했다. 우리는 마치 신학기 광고에 나온 아이들처럼 보였다. 여자아이들은 치어리더 치마를 입었고, 남자아이들은 힙합 청바지에 저지를 걸친 채 땀 냄새와 값싼 향수 냄새가 뒤섞인 냄새를 풍겼다.

우리 무리에는 덩치 큰 아이들이 몇 명 있었는데, 그들은 우리의 특권 구역에 눈치 없이 발을 들이려는 외부인이 없는지 늘 살폈다. 그중에서도 가장 무서운 아이는 블레이크라는 농구 실력이 좋은 문제아였다. 공교롭게도 내가 새로 사귄 친구이기도 했다.

우리는 방과 후 함께 농구를 하기 시작했는데, 포인트가드로서 나는 이번에도 지미에게서 배운 전략을 적용하여 예전처럼 공을 독점하지 않고 될 수 있는 한 그에게 패스했다. 블레이크는 그걸 마음에 들어 했고, 우리는 금세 죽이 잘 맞았다. 외모만큼이나 의리도 강한 블레이크가 곁에 있다는 사실 덕분에 나는 아이들에게 따돌림이나 괴롭힘을 당하는 날도 끝났다는 것을 확신할 수 있었다. 그렇게 마침내 마음을 놓았다.

안전이 확보되자 드디어 데이트에 신경 쓸 여유가 생겼다. 놀랍게도 이 일도 꽤 쉽게 풀렸다. 레이턴 고등학교에 전학 온 지 불과 3주 만에 나는 학교에서 가장 인기가 많은 여자아이 두 명과 차례로 데이트를 했다. 산드라와 메리는 둘 다 내 화학 수업 친구였는데, 그해 나는 악취 폭탄을 던지지 않았을 뿐만 아니라 선생님과 친구들 모두를 제법 매료시키는 데 성공했다.

산드라에게는 이미 남자 친구가 있었는데, 내가 그녀와 유타 재즈 농구 경기를 보고 온 뒤 그는 나를 가만두지 않겠다고 협박했다. 하지만 내가 맞서자 그는 결국 물러났다.

음, 그에게 맞섰다고? 사실 꼭 그렇진 않았다. 솔직히 그가 다가와서 자기 여자 친구를 또 만나면 내 이를 다 부수겠다고 협박했을 때 나는 공포에 그대로 얼어붙었다. 도망치고 싶었지만 그럴 수 없었을 뿐이다. 발이 떨어지지 않았기 때문이다. 하지만 1장에서 이야기한 로젠탈 효과에서처럼 상황은 다른 사람들의 인식을 바꾸었고, 그 인식은 다시 현실을 만들어 냈다.

새로운 또래들은 내가 블레이크와 친구이며 커먼즈를 드나든다는 사실을 알고 있었고, 이미 나를 만만치 않은 사람으로 여기고 있었다. 따라서 헤드라이트를 마주한 사슴처럼 얼어붙은 내 모습을 다르게 해석한 것이다. 그들의 눈에 나는 겁에 질린 아이가 아니라 용감하게 물러서지 않은 사람으로 보였다.

어머니와 아버지는 내 형편없는 성적에 여전히 초조해했다. 하지만 고맙게도 단 한 번도 성적 때문에 외출을 금지시킨 적은 없다. 물론 그냥 방관하지도 않았다. 내 성적에 실망했다는 사실을 분명하게 표현하면서, 여름방학 동안 보충수업을 듣게 했다. 다만 내 사회생활을 막는 일만은 하지 않았다는 것이다. 그건 꽤 틀을 벗어난 선택이었지만 어머니는 내가 마침내 친구를 사귄 일이 얼마나 중요한지 알고 있었고, 내가 그 안에서 조금씩 성장해 가는 모습을 보며 즐거워했다. 이런 방식으로 어머니는 훗날까지 이어질 긍정적인 피드백 루프에 자연스레 힘을 보태 주었다.

그 무렵 어머니는 자신이 그동안 내린 수많은 결정에 대해 더 큰 확신을 갖게 되었다. 아버지가 삶에서 한 단계 올라선 모습은 어머니에게도 용기를 주었고, 우리도 이제는 어느 정도 커서 독립적으로 생활하게 되면서 여유 시간도 늘어났다. 마침내 어머니는 오래전 꿈이었던 간호사의 길을 가기로 결심했다. 그리고 아버지를 따라 웨버 주립대학교에 진학했다. 집에서 보내는 시간이 줄어들면서 어머니는 이전보다 나와 동생들에게 더 많이 의지했고, 나는 어머니가 나를 진정으로 어른이 되어 가는 사람으로 대우해 준다는 사실이 무척 기뻤다. 가끔은 서로의 존재가 꽤 좋았다.

레이턴 고등학교 3학년 말 무렵의 어느 아침, 나는 어머니와 어머니의 여름 강좌를 등록하기 위해 차를 몰고 나갔다. 줄이 주차장까지 길게 늘어서 있었고, 우리는 차선에서 대기했다. 그때 빨간 마쓰다 미아타를 몰고 들어오는 눈부시게 아름다운 금발 대학생이 눈에 띄었다. 어머니는 넋 놓고 그녀를 바라보는 나를 향해 웃으며 말했다. "토드, 너 아직 고등학생인 거 알지?"

나는 도전 의식이 발동했고, 차에서 내려 어머니를 돌아보며 이렇게 말했다. "지켜봐요." 한 시간도 채 지나지 않아 나는 데이트 약속을 잡고 그녀의 차를 몰기까지 했다. 아직 주차장에 있는 어머니 곁을 지나칠 때는 나를 알아보고 놀라는 어머니의 표정을 보기 위해 일부러 속도를 늦췄다.

나는 그날 종일 그녀와 함께 보냈고 이후 몇 주 동안 몇 번 더 데이트를 했다. 그녀는 엄청난 부자였는데 나도 비슷한 형편이라고 생각한 것 같다. 그녀는 내게 차가 없다는 사실을 끝까지 눈치채지 못했다. 첫날 미아타를 몬 뒤로는 항상 친구와 더블데이트를 했고, 그 친구가 운전을 했기 때문이다. 하루는 그녀가 우리 집 앞에 차를 대 놓고 내 차를 타고 데이트하고 싶다고 했다.

나는 정말 난감했다. 어머니의 낡은 쉐보레 캐벌리어를 타고 그녀와 데이트하는 것은 생각도 할 수 없었다. 아버지는 새로 산 도요타 트럭을 절대 빌려주지 않을 것이었다. 부모님은 늘 하던 말을 꺼냈다. "차가 낡았다고 너를 싫어한다면 만날 가치가 없어." 뻔한 이야기였다. 그런데 그녀가 우리 집에 들어오는 순간, 우연히 창밖을 보던 어머니가 소리쳤다. "어머나, 토드. 저 애가 메르세데스를 몰고 왔어! 메르세데스라고!"

그건 그녀의 할아버지 차였다. 나는 마지막으로 한 번 더 아버지에게 간청했지만 아버지는 대답 없이 등을 돌려 계단을 올라가 버렸다. 어머니는 문을 열어 그녀와 잠깐 잡담을 나눈 뒤, 나와 이야기할 것이 있다며 잠시 자리를 비켜 달라고 했다.

나는 어머니를 따라 계단을 올라갔다. 그때 욕실에서 아버지가 세면대 물을 트는 소리가 들렸다. 어머니는 20달러를 내게 건네며 "트럭을 빌려주지 못해 정말 미안해."라고 말했는데, 그러다 갑자기 마음을 바꾼 듯했다. 침대 옆 탁자로 달려가 아버지의 차 열쇠를 집어 들더니 내게 던지며 외쳤다. "뛰어, 토드!" 그러고는 온 힘을 다해 욕실 문을 붙잡고 버텼다.

나는 아래층으로 뛰어 내려가 그녀를 서둘러 트럭에 태운 뒤, 아버지가 내려오기 전에 차고를 빠져나와 도망치듯 출발했다. 그날 밤 우리는 정말 즐거운 시간을 보냈고, 트럭에 흠집 하나 남기지 않은 채 무사히 돌아왔다. 그럼에도 아버지는 나와 어머니에게 거의 일주일 동안 말을 걸지 않았다.

그 무렵 아버지는 어머니가 나를 통제하려는 본인의 시도를 번번이 무너뜨린다는 사실에 어느 정도 익숙해져 있었다. 그렇지 않았다면 나는 그보다 훨씬 전에 군사학교로 보내졌을 게 분명했다. 그럼에도 어머니는 이제 막 싹트기 시작한 내 자존감을 위해 부부 사이를 위태롭게 하는 위험을 감수했다. 어머니는 누구보다도 오랜 기간 내가 얼마나 힘들어했는지, 새로운 고등학교에서 거둔 사회적 성공에 얼마나 들떠 있는지 잘 알고 있었다.

물론 그녀와 데이트를 하는 일은 농구 경기에서 결승 슛을 넣거나, 졸업생 대표로 연설을 하는 것과 같은 성취는 아니었다. 하지만 그 당시 나에게는 스스로를 괜찮은 사람이라고 느끼게 해 주는 유일한 일이었다. 그래서 아버지의 분노를 감수하며 내가 빛날 수 있게 도와준 어머니의 선택은, 내게는 모든 것이었다.

아이의 목표 달성을 적극적으로 도와라

부모님은 내가 좋은 성적을 얻게 하려고 모든 방법을 동원했다. 애원하고, 잔소리하고, 협박하고, 돈으로 회유하기도 했다. 아버지는 전 과목 A를 받으면 포르쉐를 사 주겠다고까지 했다. 아마도 그런 성적을 받는 건 기적에 가깝다고 생각했기 때문일 것이다.

어쨌든 그 모든 것은 시간과 에너지 낭비였다. 물론 돈은 쓰레기 버리기, 숙제 한두 개 끝내기 정도의 몇몇 단기적인 목표에는 효과가 있었다. 하지만 돈을 주거나 멋진 스포츠카를 사 주겠다는 약속은 내 행동을 근본적으로, 지속적으로 바꿀 수 없었다. 내가 게으르거나 멍청해서도, 돈에 관심이 없어서도 아니었다. 부모님이 제시하는 목표에 관심을 두지 않은 것은 사실 이미 다른 목표에 의해 충분히 동기부여가 되고 있었기 때문이다. 다만 그 목표가 부모님이 원하는 것과 달랐을 뿐이다. 마침내 이루어지는 것 같았던 사회적 수용, 친구들 사이에서 인정받고자 하는 욕망은 부모님이 제시하는 그 어떤 보상보다도 훨씬 강력했다.

다시 한번 현대 신경과학의 발견이 나의 불행한 경험담을 뒷받침해 준다. 연구자들은 모든 행동은 어떤 식으로든 목표 지향적이라는 사실을 밝혀냈다. 뇌는 목표가 없으면 작동하지 않는다. 이 말이 그리 혁명적으로 들리지 않을지도 모르지만, 교육이나 심리학 분야의 소위 전문가들은 '목표 지향적이지 않은' 아이들이 있다고 자주 말해 왔다. 그런 주장은 아이의 행동을 개선하고자 하는 무수한 노력을 방해하는, 말도 안 되는 주장이다.

최신 연구는 사람들이 외부에서 강요된 목표가 아니라, 자신에게 진정으로 의미 있는 목표를 추구할 때 훨씬 더 깊이 몰입하고 강한 동기를 느낀다는 사실을 분명하게 보여 준다. 베스트셀러 작가 대니얼 핑크Daniel Pink가 『드라이브Drive』에서 지적하듯이, 당근과 채찍으로 행동을 통제하려는 방식은 오히려 역효과를 낼 수 있다. 이 방식은 단기적 사고를 부추기고, 심지어 부정행위까지 낳으며, 창의성의 불씨를 꺼 버린다. 인간이 지닌 자율성에 대한 갈망과 숙련되고자 하는 욕구는 언제나 당근과 채찍을 이긴다.

따라서 아이들이 무엇을 이루고자 하는지를 먼저 알아차리고, 그들이 처음부터 품고 있던 진짜 목표를 달성하도록 전략적으로 도와주는 부모와 교사가 결국 가장 좋은 결과를 얻게 된다.

몇 년 전, 5학년이던 둘째 네이선은 이 원칙을 기발한 방식으로 증명했다. 지금은 고등학교 2학년이 되었고 성적도 좋지만, 초등학교 시절에는 착하지만 의욕 없는 아이로 명성이 높았다. 크리스마스를 앞두고 그의 담임 선생님은 수업 시간에 찍은 사진과 카드를 보내며 이렇게 적었다. "제가 무슨 말 하는지 아시겠죠?"

사진 속 네이선은 더할 나위 없이 행복해 보였다. 막 완성한 과자 구조물 앞에 앉아 크게 미소 짓고 있었고, 두 팔을 벌려 승리의 포즈를 취하고 있었다. 이후 선생님을 만나 무슨 일이 있었는지 물었더니 선생님이 한숨을 쉬며 말했다. 아이들에게 과자로 집을 만들고 사탕으로 장식하라는 과제를 내주었단다. 평소 단것을 좋아하던 네이선이 사탕을 얼마나 써도 되느냐고 물었고, 선생님은 "집 위에 올릴 수 있는 만큼 가져가도 된다."라고 답했다.

그 순간, 네이선의 동력이 켜졌다. 집이 아닌 요새를 만들면 사탕을 최대한 많이 가져갈 수 있다는 사실을 깨달은 것이다. 그는 시행착오를 거듭하며 감초를 이용해 벽을 보강하면 최대한 많은 무게를 버틸 수 있다는 사실을 알아냈다. 사진 속 네이선이 그렇게 뿌듯해 보였던 이유는 10분 동안 씨름한 끝에 요새를 세우는 데 성공했기 때문이다. 결과물이 예쁘지는 않았지만, 기능적으로는 완벽했다. 그리고 그는 그것이 자랑스러웠다.

자존감 하나가 바꾸는 아이의 세계

레이턴 고등학교에서 내가 그랬던 것처럼, 아이가 자존감을 쌓기 시작하면 그 변화는 예상보다 훨씬 넓은 영역으로 퍼져 나간다. 나의 경우 새로 얻은 사회적 지위는 태어나서 처음으로 다른 아이들에게 공감을 표현할 수 있는 자신감을 주었다.

여기서 나는 '공감을 느끼는 것'과 '공감을 보여 주는 것'을 분명히 구분하고 싶다. 나와 같은 아이들을 다루는 전문가들이 종종 놓치는 지점이기도 하다. 나는 언제나 공감을 느낄 수 있었다. 다른 아이들이 상처받거나 힘들어하고 있다는 걸, 나 역시 그랬기 때문에 잘 알았다. 다만 이전에는 공감하는 방식으로 행동하고 싶다는 마음이 거의 들지 않았고, 설령 들었다 해도 그렇게 행동할 만큼 안전하다고 느끼지 못했을 뿐이다. 나는 또래 아이들이 나를 괴롭히는 모습을 보며 인간의 가장 추악한 모습을 겪었다. 그래서 고통받는 사람은 아마도 그럴 만한 잘못을 했을 거라고 여겼다.

하지만 스쿠터는 달랐다. 적어도 그때의 나는 그렇게 인식했다. 스쿠터는 레이턴 고등학교 2학년이었고, 외모도 눈에 띄지 않았으며 또래 아이들보다 키도 작았다. 스쳐 지나가듯 만났다면 기억하지 못했을지도 모른다. 운동을 잘하는 편도 아니었지만 무리에 속하고 싶은 마음에 미식축구팀의 장비 관리 봉사를 자청했다. 스쿠터의 꿈은 커먼즈에 앉을 자리를 얻는 것이었고, 그 목표를 위해 종종 내게 점심을 먹자고 하며 자기가 계산하겠다고 했다. 내가 주머니 사정이 넉넉하지 않다는 걸 알았기 때문이다. 정말 배가 고플 때는 나도 가끔 그의 제안을 받아들이곤 했다.

어느 날 오후, 나초가 몹시 당기던 나는 스쿠터에게 타코벨에 가자고 했다. 그 말이 나오자마자 스쿠터의 얼굴이 하얗게 질렸다. "거긴 절대 안 돼." 그는 낮게 중얼거렸다. 알고 보니 동네에서 스케이트보드를 타는 불량한 아이들이 스쿠터의 형을 괴롭히고 있었다. 형이 그들 중 한 명의 여자 친구와 사귀었던 게 발단이었다. 스쿠터도 그 일에 휘말렸고 그 아이들은 형제 둘을 몇 차례나 폭행했으며 형의 차 문을 걷어차 찌그러뜨리기까지 했다. 타코벨은 그들의 아지트였고 그들은 스쿠터에게 거기에 다시 나타나면 병원에 실려 가게 만들겠다고 협박했다.

이 이야기는 내게 너무나 익숙했다. 나는 스쿠터에게 말했다. "우린 타코벨에 갈 거야. 아무도 너를 건드리지 못하게 할게."

우리가 도착했을 때는 이미 그들이 와 있었고 그들은 식사 내내 우리를 노려보았다. 자리를 뜨던 우두머리가 우리 옆을 지나가며 중얼거렸다. "네 보모가 항상 옆에 있을 거라고 생각하지 마." 그 순간 나는 대응할 정신이 없었고, 스쿠터는 바닥만 바라보았다.

하지만 며칠 뒤, 친구들과 커먼즈에 앉아 있던 나는 괴롭힘 가해자와 그의 패거리들이 근처를 지나가는 것을 발견했다. 깊이 생각할 겨를도 없이 체격 좋은 친구 두 명을 붙잡고 그쪽으로 향하며 욕설을 섞어 우두머리의 이름을 불렀다. 그는 교장실 앞에 멈춰 섰고, 구경꾼이 된 학생들이 주위로 몰려들었다.

나는 그의 얼굴 앞에 손가락을 들이대며 말했다. "스쿠터를 다시 쳐다보기만 해도 널 가만두지 않을 거야. 알았어?”

“엿 먹어.” 그가 답했다. 그 순간 나는 어떻게 행동할지 신중하게 고민했다. 사실 신중한 건 아니었다. 그냥 그의 얼굴로 주먹을 날렸다. 이전에도 사람을 때린 적이 있었지만 이런 식은 처음이었다. 그는 나에게 맞고 교장실 창문으로 튕겨 나가 바닥에 나뒹굴었다. 피를 흘리며 울던 그는 겨우 일어나 그대로 달아났다.

교장 선생님은 내 행동을 용납할 수 없으며 싸움을 시작한 데 대한 처벌을 받아야 한다고 말했다. 그는 나를 하루 정학에 처했다. 하지만 내 눈을 바라보며 말없이 엄지를 들어 올렸다. 나는 그 처벌이 충분히 감당할 만한 대가라고 여겼다. 아버지가 화내지 않을 거라는 것도 알았다. 아버지는 늘 괴롭힘에 맞서라고 말해 왔기 때문이다. 게다가 그날 이후 스쿠터와 그의 형은 학교에서 안전하다고 느꼈고, 원할 때면 언제든 타코벨에 갈 수 있었다.

노력하지 않는 이유

상급생이 된 뒤 나의 사회적 성공은 계속 쌓여 갔다. 그것은 내 인생의 나머지 부분이 우울한 방향으로 미끄러져 가고 있던 현실과 극명한 대조를 이루었다. 나는 거의 모든 수업에서 낙제했을 뿐만 아니라 여전히 무모한 행동을 많이 했다. 소년원에 가지 않은 것은 운이 좋았다. 3학년 때는 신분증을 위조해 팔기도 했는데, 다행히도 그 일은 부모님도, 경찰도 끝내 알아채지 못했다.

20여 년이 지난 지금 그때를 돌아보며 무슨 말을 할 수 있을까. 이 기억들은 나를 부끄럽게 만든다. 하지만 통제력이 부족한 사춘기 소년이 가장 어리석은 짓을 한다는 건 놀랄 일도 아니다. 부모님은 내가 무슨 짓을 하고 다니는지 몰랐지만, 성적이 엉망이라는 사실만큼은 잘 알았다. 우리는 거의 매일 밤 나의 형편없는 근면성에 대해 말다툼을 벌였다.

그런 다툼 자체는 나를 크게 괴롭히지 않았지만, 레이턴 고등학교에서 받은 성적표를 펼쳐 들던 아버지의 모습은 아직도 잊혀지지 않는다. 이것이 나의 마지막 고등학교 성적표가 될 줄은 꿈에도 몰랐다. 그때 아버지는 소리를 지르지 않았다. 그저 계단에 주저앉아 흐느끼며 울었다. 나는 아버지가 우는 모습을 한 번도 본 적이 없었고, 그 모습은 내 삶의 선택들이 나 혼자만의 문제가 아니라는 사실을 뼈저리게 깨닫게 했다. 그럼에도 나는 삶의 방향을 바꾸려 애쓰지 않았다. 이유는 단순했다. 솔직히 내가 바꿀 수 있다고 믿지 않았기 때문이다.

고등학교 내내, 수업 시간에 내가 보이기만 하면 선생님들은 어김없이 나를 붙잡고 늘어졌다. 머리는 좋은데 왜 더 노력하지 않느냐는 것이었다. 하지만 내가 나중에 알게 되었듯 그런 말은 불 보듯 뻔한 역효과를 불러온다.

아이들에게 "넌 똑똑하니까 더 노력만 하면 된다."라고 말하는 것은 실제로 그들을 노력하게 만드는 경우가 거의 없다. 오히려 정반대의 동기를 만들어 낸다. 그 아이는 이미 성공할 수 있다는 믿음을 잃어서 노력을 멈추었을 가능성이 크다. 그런 상황에서 아이의 입장에서는 '똑똑하지만 일부러 노력하지 않는 사람'으로 보이는 편이 노력했다가 확실하게 실패하는 것보다 훨씬 낫다. 만약 노력했다가 실패한다면 '나는 똑똑하긴 하다'는 마지막 희망마저 잃게 되기 때문이다.

이 점을 뒷받침하는 연구를 발표한 사람은 컬럼비아 대학교에 재직 중이던 캐럴 드웩**Carol Dweck** 박사다. 그녀는 이후 스탠퍼드 대학교의 심리학자로 활동하게 된다. 그녀는 초등학교 5학년생 400명을 대상으로 실험을 진행했다. 아이들은 두 번의 시험을 치렀고, 두 번째 시험은 모든 아이가 낙제하도록 의도적으로 매우 어렵게 문제를 냈다. 그리고 세 번째 시험을 치렀다. 두 번째 시험에서 노력에 대한 칭찬을 받았던 아이들은 첫 번째 시험보다 점수가 평균 30퍼센트나 높아질 만큼 회복력을 보인 반면, 지능에 대한 칭찬을 받았던 아이들은 점수가 오히려 20퍼센트 낮아졌다. 연구진은 부모와 교사가 아이들을 가장 효과적으로 도울 수 있는 방식은, 지능 같은 고정된 특성이 아니라 노력처럼 아이 스스로 통제할 수 있는 능력을 칭찬하는 것이라고 결론지었다.[2]

지금 와서 고등학교 시절 고집스러운 태도를 돌아보면, 여전히 그것이 나름 합리적이었다고 느껴진다. 이후 내가 학습에 대해 알게 된 것들, 특히 학습이 환경의 적합성에 얼마나 크게 좌우되는지를 생각해 보면, 내가 더 열심히 노력했더라도 성공할 수 있었을 것 같지는 않다. 안타까운 진실은, 내가 다니던 학교가 내가 필요로 하는 방식으로 나를 지지하고 도전하게 만들 수 있는 곳이 아니었다는 점이다. 어려움을 겪는 학생들이 대개 그렇듯, 나는 사실상 실패하도록 설계된 환경 속에 놓여 있었다. 남은 선택지는 하나뿐이었다. 싸우면서 내려가는 것. 그래서 나는 그렇게 했다.

어머니의 고통을 더한 것은 나의 반항이 우리 가족의 신앙으로까지 번졌다는 점이다. 선한 모르몬 가정들 사이에서는 젊은 남성이 열아홉 살이 되면 교회 원로들이 지정해 주는 곳으로 세계 어디라도 떠나 선교 활동을 해야 했다. 하지만 우리가 레이턴으로 이사할 무렵, 나를 아는 사람이라면 누구나 선교가 내 인생 계획에 들어 있지 않다는 사실을 분명히 알고 있었다. 그럼에도 부모님은 내 생각을 바꾸라고 압박하지 않았다. 이웃들로부터 이 역시 내 성품이 잘못되었다는 증거라는 눈총을 받으면서도 말이다. 이 점에서도 두 분을 높이 평가하고 싶다.

이 모든 맥락을 알고 나면 내가 케일린과 사귀기 시작했을 때 (불과 1년도 지나지 않아 내 아내가 되었다) 그녀의 독실한 모르몬교 부모님이 마냥 기뻐하지는 않았다는 사실도 이해가 된다.

우리는 내가 레이턴 고등학교에 전학 온 지 약 1년쯤 지난 시점, 고등학교 3학년 때 만났다. 캠퍼스 건너편 건물에서 열리던 종교 수업에서 서로 가까운 자리에 앉아 있었는데 나는 그녀에게서 눈을 뗄 수 없었다. 케일린은 금발에 아담한 체구였고, 피부가 도자기처럼 하얬다. 커먼즈에서 쫓겨날 타입은 전혀 아니었지만 상당히 수줍은 아이처럼 보였다. 나는 그녀가 잡담에 그다지 능하지 않을 거라고 짐작했고 말을 섞을 이유를 만들어 보기로 했다.

그녀가 화장실에 간 사이, 나는 그녀의 성경책을 슬쩍 집어 내 책상에 올려 두었다. 예전 학교였다면 순전히 짜증 나는 장난으로 받아들여졌겠지만, 그 무렵에는 사람들이 나를 전혀 다른 시선으로 보고 있었다. 케일린이 돌아와 내 책상에 있는 책을 보고 잠시 어리둥절해했지만 화를 내진 않았다. 나는 책을 돌려줄 테니 전화번호를 달라고 했다. 우리는 그 주 첫 데이트를 했다.

그때부터 우리는 떨어질 줄 몰랐다. 그 대가를 치른 쪽은 케일린이었다. 첫 데이트를 하고 얼마 지나지 않아 케일린의 친구 에이미는 부모로부터 더 이상 케일린을 만나지 말라는 말을 들었다. 이유는 간단했다. 에이미의 부모는 나를 대학 계획도, 직업 계획도, 심지어 모르몬 선교 계획도 없는 패배자로 보았다. 게다가 케일린의 독실한 신앙인 아버지 역시, 내가 친구들과 쓴 음식값과 기름값 약 1,200달러를 그의 신용카드로 결제하도록 케일린을 설득한 사실을 알게 된 뒤 나를 부정적으로 평가했을 것이다.

더 큰 굴욕은 그 뒤에 찾아왔다. 고등학교 3학년의 약 3분의 2쯤 지났을 무렵, 부모님이 진지한 이야기를 꺼냈다. 교장 선생님을 만나고 왔는데, 교장 선생님이 내가 졸업에 필요한 학점을 채울 가능성이 없다고 말했단다. 그 학기 내 평점은 0.09였고 2~3학년을 합친 누적 평점은 1.5에 불과했다. 교장 선생님은 학교를 그만두고 검정고시를 치르는 방법을 제안했다. 더 이상 고등학교 캠퍼스에 출입할 수 없다는 통보도 전해졌다.

그 소식이 그리 큰 충격은 아니었다. 낙제할 위기임을 이미 알았고, 실제로 전년도에 여름방학 보충수업에도 등록했었다. 하지만 몇 주 지나지 않아 스스로를 통제하지 못했고, 결국 수업에 나가지 않게 되었다. 이후 부모님은 야간학교에 등록해 부족한 학점을 채우라고 했지만, 그때도 나는 학교에 다니는 척만 했을 뿐, 사실은 친구들과 자유로운 시간을 즐기고 있었다.

식탁에 둘러앉아 이야기를 나누는 동안 어머니는 내 앞날이 어떻게 될지 너무나 걱정스럽다고 말했지만, 아버지는 더 이상 참을 수 없다는 태도였다. "앞으로도 우리 집에 살고 싶다면 너도 기여를 해야 한다." 아버지는 단호하게 말했다. "일자리를 알아봐."

열여덟 살이 된 만큼, 아무것도 하지 않으면서 아무 데도 가지 않는 생활을 감당해 줄 생각이 없다는 뜻이었다. 만약 어머니가 그런 말을 했다면 나는 아마 흘려들었을지도 모른다. 하지만 경험상 아버지는 절대 빈말을 하는 사람이 아니었다. 아버지가 혼자 살 경우의 월세와 생활비를 계산해 정리해 둔 예산표를 보여 주었을 때, 나는 그의 조언을 따르는 게 낫겠다는 걸 깨달았다.

책임의 무게

그 대화를 나누고 일주일도 채 되지 않아, 나는 시급 4달러 25센트를 받고 백화점에서 진열대를 채우는 일을 하게 되었다. 당시 유타 주의 최저임금이었다. 신문 구인란에서 찾아낸, 고등학교 졸업장이 필요하지 않은 몇 안 되는 일자리 중 하나였다. 이런 일상의 단조로움에 스스로를 맡기게 되었다고 특별히 슬펐던 기억은 없다. 그 무렵의 나는 아직 미래에 대해 진지하게 생각할 이유가 없었다. 삶에서 가장 중요한 것은 여전히 친구들이었고, 학교를 떠난다고 해서 그들과 멀어질 거라고 생각하지 않았다.

하지만 출근 첫날부터 나는 지루함에 시달렸다. 매일같이 교실에 앉아 있는 것보다 훨씬 견디기 힘든 일이라는 걸 곧 깨달았다. 그렇다고 다시 돌아갈 수도 없었다. 특히 케일린이 갑작스럽게 전한, 내 세상을 완전히 바꿔 놓은 소식을 들은 이후로 더욱 그랬다. 사귄 지 여덟 달쯤 되었을 때 그녀가 임신을 한 것이다.

그 무렵 케일린의 아버지는 나를 극도로 싫어하게 되었다. 우리의 인생이 얽이는 것만 피할 수 있다면 아이는 혼자 키워도 된다고 말할 정도였다. "그와 결혼하지 않아도 된다." 내가 바로 옆에 서 있을 때조차 그는 케일린에게 여러 번 이렇게 말했다. 하지만 케일린은 사랑에 빠져 있었고, 집을 떠날 준비도 되어 있었다.

책임감 있는 기혼자로서 새 삶을 준비하기 위해 더 높은 임금을 주지만 훨씬 지루한 일자리를 찾았다. 알루미늄 공장의 조립라인 노동자였다. 출퇴근 시간에 맞춰 카드를 찍고, 면 작업복을 입고 교대 근무를 하는 일. 나는 그곳에서 단 일주일을 버텼다.

케일린이 임부복을 입어야 할 정도가 되기 직전에 우리는 결혼했다. 장소는 교회의 작은 농구 코트였는데, 지역 주민들이 무료로 사용할 수 있는 공간이었다. 케일린의 아버지는 결혼 선물로 내가 그의 신용카드로 썼던 약 1,200달러의 빚을 없애 주었다.

케일린의 어머니는 딸의 웨딩드레스를 직접 바느질해 주었고, 자매 중 한 명은 케이크를 구웠다. 그녀의 오빠는 아마추어 사진사 역할을 맡았는데, 너무 아마추어였던 탓에 앨범 속 모든 사진 가장자리에 묘한 분홍색 테두리가 둘러져 있다. 결혼식에는 직계 가족과 몇몇 친구만 참석했고, 우리 가족은 꽃다발이나 정식 청첩장 같은 과한 연출은 삼가자고 했다. 어린 동생들에게 잘못된 메시지를 줄까 봐 걱정되었기 때문이다.

"이제 너는 내게 순종했던 것처럼 남편에게 순종해야 한다." 케일린의 아버지가 제단에 서서 엄숙히 말했다. 나는 우리 아버지와 눈이 마주쳤고, 아버지는 어깨를 으쓱했다. 우리는 미소를 주고받았다. '아내의 순종'이라는 개념은, 적어도 우리 집에서는 교리처럼 여겨지는 것이 아니었기 때문이다.

신혼여행으로는 여행 경비를 보태 주신 할머니, 할아버지와 네바다로 떠났다. 우리는 솔트레이크시티에서 약 두 시간 떨어진 웬도버의 1박에 29달러짜리 모텔에서 이틀 밤을 보냈다. 그곳은 국경을 넘어 몰래 도박을 하러 가는 모르몬 교도들이 자주 찾는 곳이었다. 우리는 대부분의 시간을 방에서 보드게임을 하며 보냈지만, 몇 번은 할머니와 카지노에 가기도 했다. 그때 나는 열아홉 살이었고 법적 도박 연령까지는 아직 두 해가 남아 있었다.

6개월 뒤, 스무 살 생일도 맞지 못한 나는 어둑한 병실에서 갓 태어난 아들 오스틴을 안고 울었다. 1994년 7월 11일, 처음으로 다른 사람들이 나에게 의지한다는 사실, 어떤 방식으로든 그들의 신뢰에 부응하며 살아가야 한다는 사실을 온몸으로 깨달았다.

- 자녀에게 전 과목 A를 받으면 포르쉐를 사 주겠다고 약속할 생각이라면, 그 거래가 고등학교까지만 유효하다는 점을 명확히 해 두어라. 그렇지 않으면 아이가 대학과 대학원 내내 전 과목 A를 받고 나서 약속을 지키라고 요구할지도 모른다.

- 목표는 중요하다. 모든 행동은 목표 지향적이다. 우리 뇌는 목표 없이는 작동하지 않는다. 아이가 목표 지향적이지 않다고 단정하는 것은 말이 되지 않는다. 대개 아이를 행동하게 하는 목표를 우리가 이해하지 못했을 뿐이다.

- 감정의 영향력 때문에 친구가 있는 것, 완전한 사회적 고립을 피하는 것은 거의 언제나 아이에게 학업 성취보다 우선이다.

- 때로는 새출발이 어려움을 겪는 아이에게 기적 같은 처방이 될 수 있다. 즉, 환경을 재부팅하는 것이다. 하지만 그 두 번째 기회가 효과를 발휘하려면 아이 스스로 이전 환경에서 왜 일이 잘 풀리지 않았는지 이해해야 하고, 같은 실수를 반복하지 않기 위해 무엇을 할 수 있는지에 대한 감각을 가져야 한다.

- 공감을 느끼는 것과 그것을 표현하는 것은 전혀 다른 문제다. 아이가 지속적으로 놀림받고 괴롭힘당하고 있다면, 공감을 느낄 수는 있어도 그것을 행동으로 보여 줄 수 없을지도 모른다.

☐ 내가 지미를 흉내 내 사고 기술을 배웠다는 사실을 기억하라. 아이에게 최선의 행동을 본보기로 보여 주는 동시에, 관계를 잘 맺는 또래 아이들과 시간을 보낼 수 있도록 지원하라.

☐ 아이의 행동을 바꾸고 싶다면 먼저 아이에게 동기를 부여하는 목표가 무엇인지 이해하려는 것부터 시작하라.

☐ 아이 앞에서 실수 하나를 진정으로 인정하라. 무엇을 잘못했는지와, 그 실수에서 무엇을 배웠는지도 함께 말해 주어라.

☐ 아이를 칭찬할 때는 노력처럼 아이가 스스로 통제할 수 있는 요소에 초점을 맞출 때 가장 효과적이라는 점을 기억하라.

☐ 아이에게 "좀 더 노력해 봐."라고 말하기 전에, 정말로 그게 문제인지부터 점검하라.

6장

감정의 힘

"가장 중요한 규칙은 자신을 속이지 않는 것이다.
하지만 세상에서 가장 쉽게 속일 수 있는 사람이
바로 자기 자신이다."

_ **리처드 파인먼**

마이크 테스트

몇 년 전 과학적 연구라는 명목으로 학생들을 극도로 긴장하게 만든 적이 있다. 그때 나는 하버드에서 '교육신경과학' 수업을 시작한 지 약 5주쯤 되었고, 100명에 달하는 대학원생들에게 뇌의 구조, 지각, 기억에 대한 기본 개념을 설명해 온 상태였다. 이제 막 학습에서 감정이 어떤 역할을 하는지에 대해 공부하려던 참이었는데, 나는 예고 없이 이렇게 말했다. "지금부터 한 명을 무작위로 뽑아 교육에서 신경과학이 어떤 역할을 하는지에 대해 짧은 강의를 하게 하겠습니다." 과제 자체는 간단했다. 지목당한 학생은 배운 내용을 요약하기만 하면 됐다. 별일 아닌 것처럼 들리지 않는가? "2분간 강의 내용을 정리할 시간을 줄게요. 다만 노트나 쪽지를 가지고 강단에 올라올 수는 없습니다."

그러고는 강의실 앞 스크린에 사진 한 장을 띄웠다. 선택받은 행운의 학생이 마주하게 될 장면을 담은 것이었다. 기대에 찬 얼굴을 한 무수한 청중을 배경으로 커다란 마이크를 클로즈업하여 찍은 사진이었다. 나는 타이머를 꺼내 2분을 재기 시작했다.

반응은 즉각적이고 분명했으며 꽤 충격적이었다. 특히 이들 중 상당수가 주 5일 내내 사람들 앞에 서서 가르치는 일을 직업으로 삼을 계획이라는 점을 고려하면 더욱 놀라웠다. 몇몇 학생은 숨을 제대로 쉬지도 못했고, 한 여학생은 자리에서 벌떡 일어나 뒷문으로 달아나 버렸다. 타이머가 0에 가까워질수록 강의실에 있는 꽤 많은 사람이 말 그대로 공황 상태에 빠졌다. 나중에 들은 말에 따르면, 머릿속이 완전히 하얘졌다고 했다. 어떤 학생들은 내용을 하나도 정리하지 못했다고 말했다(4장에서 이야기했던 것처럼, 스트레스는 작업 기억을 철저히 망가뜨린다).

"10초 남았습니다." 나는 앞에서 과장되게 왔다 갔다 하며 말했다. "자, 시간이 다 되었습니다. 행운의 주인공은……." 일부러 긴장을 끌며 강의실을 천천히 둘러보았다. "농담입니다. 강의를 시키지 않을 거예요." 강의실 여기저기서 다시 한번 숨을 들이켜는 소리가 났고, 이번에는 웃음과 안도의 한숨이 흘러나왔다. "여러분들이 지금 경험한 것에 대해 이야기하고 싶습니다."

먼저 이 시험이 전혀 부담되지 않았다고 느낀 학생의 의견을 물었다. 앞자리 학생이 즉각 손을 들었다. "이 수업이 요즘 저한 테 잘 맞아요." 그는 이렇게 말하며 최근 스트레스가 원인인 질병을 진단받으며 이 수업이 자신의 삶과 밀접하게 연결돼 있다고 느꼈다고 했다. 감정이 정신적, 신체적 건강과 어떻게 맞물려 있는지 생생하게 이해하게 되었고, 그 점이 흥미로웠다고 했다. 나는 이어서 또 다른 학생을 지목했다. 그녀 역시 자신감 있게 말했다. "저는 교사예요. 그냥 메모를 조금 해 두고, 그때그때 나오는 대로 말하면 되겠다고 생각했어요." 그녀는 이미 비슷한 상황을 겪어 보았기에 이번에도 충분히 해낼 수 있다는 걸 알고 있었다.

감정이 학습에 미치는 영향

침착한 반응을 보인 학생들의 이야기를 더 들은 뒤, 이번에는 부정적인 반응을 보인 사람들을 찾았다. 가장 먼저 손을 든 사람은 말레카 도널드슨 그램링이었다. 그녀는 가장 열정적인 학생이었고, 학부 시절에는 합창단에서도 활동했었다. 이후 월드 퓨전 밴드에서 노래를 부르기도 했던 터라 그녀를 외향적인 인물로 생각했다. 합창단 활동 당시에는 독일에서 열린 야외 공연에서 무려 만 명의 관객 앞에서 노래한 경험도 있었다. 그럼에도 그녀는 마이크 시험 앞에서 완전히 얼어 버렸다. 그녀는 단 한 줄도 적지 못했다고 고백하며, 그것을 증명하듯 빈 종이를 들어 보였다.

"저도 놀랐어요." 그녀는 조용히 말했다. 수업 시간에 배운 내용을 가족이나 친구들에게 이야기할 때는 어려움을 느낀 적이 없다고 했다. "노래할 때도 전혀 긴장하지 않아요." 하지만 내가 강의를 제안했을 때 그녀는 이렇게 느꼈다. "모든 게 갑자기 머릿속에서 빠져나가 버렸어요. 방금 말한 것도 기억이 나지 않았죠. 그러다 갑자기 '10초 남았습니다!' 하는 소리가 들렸어요."

나는 자주 그랬듯이 아무 생각 없이 말을 내뱉었다. "노래 한 번 불러 볼래요?" "진짜요? 좋아요!" 어떤 망설임도 없이 그녀는 마이크 사진 앞으로 걸어 나왔다. 그러고는 양손을 허리에 얹고 눈을 감더니 미국 국가를 열창했다. 전율이 느껴질 만큼 아름다운 노래였다. 교실 가득 고음이 울려 퍼지자 다른 학생들도 환호했다. 그녀는 미소를 지으며 다시 자리로 돌아갔다.

나는 놀라움에 고개를 저었다. 물론 이 실험은 얼마든지 다른 결과로 끝날 수도 있었다. 그램링이 노래를 망쳐 내 수업이 상처로 남을 수도 있었다는 뜻이다. 그랬다면 다른 학생들은 나를 잔인한 사람으로 여겼을지도 모른다. 하지만 정반대의 일이 벌어졌다. 불과 1분 전까지만 해도 동료들 앞에서 한마디도 하지 못할까 봐 공황 상태에 빠져 있던 그녀가, 우리 앞에서 당당하게 노래한 것이다. 그 순간 그녀가 몇 분 전의 자신과 다른 사람으로 스스로를 인식하고 있다는 사실이 모두에게 보였다. 이 단순한 전환은 그녀의 수행 능력에 즉각적인 변화를 가져왔다.

지금 그 장면을 떠올려 보면 그 순간이 내 관점을 바꾼 결정적 전환점이 된 것 같다. 학습과 행동에 감정이 얼마나 막대한 영향을 미치는지를 그때 비로소 진정으로 이해한 것이다. 물론 그전에도 감정의 힘에 관한 흥미로운 연구들을 많이 알았고 관련 내용에 대해 강의를 하기도 했다. 하지만 그 연결고리가 얼마나 강력한지에 대해서는 완전히 확신하지 못하고 있었다. 적어도 이토록 분명하게 목격하기 전까지는 말이다.

감정은 행동을 지배한다

마이크 테스트는 동료인 가브리엘 라폴트-슐리히트만Gabrielle Rappolt-Schlichtmann에게서 얻은 아이디어였다. 수업이 있기 전 몇 주 동안 그녀는 감정과 인지에 관한 새로운 연구 결과들이 무엇을 말하는지 끈질기게 나를 설득하려 했다. 뇌를 다룰 때 감정을 더 이상 '케이크 위의 장식'으로 취급해서는 안 되며, 사실은 그보다 훨씬 더 근본적인 반죽 그 자체에 가깝다는 것이었다.[1]

이런 개념은 신경과학자이자 베스트셀러 작가인 안토니오 다마지오Antonio Damasio가 주장하면서 유명해졌다. 최근들어 이를 뒷받침하는 증거가 축적되면서 그는 상당한 지지를 얻었다. 행동을 조절하는 데 있어 감정과 연결된 뇌 영역이 우리 생각보다 훨씬 더 핵심적인 역할을 한다는 사실이 밝혀지고 있기 때문이다.

다마지오와 동료들이 보여 주었듯, 이 뇌 영역이 손상된 사람들은 이성적 뇌 회로가 온전히 남아 있음에도 불구하고 비합리적이고 심지어 자기파괴적인 결정을 내리는 경향을 보인다. 또한 자신의 실수로부터 배우는 능력도 잃게 된다.[2] 처음에는 다소 믿기 어려운 이야기처럼 들릴 수 있지만, 인간이 본래 사회적 동물로 진화해 왔고, 글자를 읽는 능력보다 감정 신호를 읽는 능력이 훨씬 오랫동안 생존에 더 중요한 역할을 했다는 사실을 떠올리면 이 주장은 더욱 설득력을 얻는다.

라폴트-슐리히트만의 선구적인 연구 역시 이 사실을 뒷받침한다. 그녀는 유아 교육 현장에서 극도로 스트레스받은 아이들을 어떻게 진정시켜 학습이 가능하도록 도울 수 있는지 연구해 왔다. 그녀는 소득 수준이 낮고 스트레스가 높은 가정에서 자라는 미취학 아동들을 대상으로 코르티솔 수치를 측정했다(4장에서 이야기한 스트레스 호르몬이다). 그 결과 아이들을 소규모 집단에 배치하고, 안정감을 주는 훈련을 받은 교사들과 함께하게 했을 때 코르티솔 수치가 평균적으로 10퍼센트가량 유의미하게 감소했다.

빈곤한 환경에서 자라는 많은 아이가 만성적으로 스트레스를 받는다. 스스로를 안전하게 지키고, 먹을 것을 확보하기 위해 늘 경계해야 하는 환경에서 자라기 때문이다. 그런 아이들이 혼란스러운 교실 환경에 놓이면 모험심보다는 위협을 느낄 가능성이 크다. 그렇게 학습은 우선순위에서 밀려나고 사실상 거의 불가능해진다. 자신의 모든 에너지를 '싸울 것인가, 도망칠 것인가'라는 선택지에 쏟아붓게 되기 때문이다.

다만 기억할 점은 스트레스가 항상 부정적인 요소는 아니라는 사실이다. 어느 정도의 스트레스는 우리를 깨어 있게 하는 데 필요하다. 문제는 그 건강한 긴장감이 언제 해로운 위협감으로 바뀌는지 가려내는 일이다. 이 전환점은 사람마다 다르지만, 그에 따른 생리적 결과만큼은 누구에게나 거의 동일하게 나타난다.

스트레스는 주관적이다

사람들이 스트레스 상황을 경험하는 방식은 극적으로 다르다. 마이크 테스트에 대한 학생들의 반응이 제각각이었다는 점이 이를 설명해 준다. 어떤 학생들에게 그런 압박은 오히려 순기능으로 작용했다. 타이머를 들고 왔다 갔다 하는 내 모습을 보며 도전 의식이 솟아난 것이다. 하지만 네 명 중 한 명은 똑같은 상황에서 완전히 얼어붙고 말았다. 이런 차이는 지능과 아무런 관련이 없었다. 성적이 우수한 학생들 중에서도 스트레스에 대한 생리적 반응에 압도되어 머릿속이 하얘진 이들이 있었다. 차이를 만드는 건 지능이 아니라 타고난 생물학적 기질과 지금까지 살아오며 축적된 모든 경험의 복합적인 작용이다.

이는 객관적인 위협은 존재하지 않는다는 원리를 증명하는 한 가지 예에 불과하다. 위협을 느끼는 감각은 감정적이고 주관적이다. 예컨대 수업 시간에 좋지 않은 경험을 여러 차례 겪은 학생은 교사가 자신을 지목할지도 모른다는 가능성만으로도 스트레스 호르몬 수치가 급격히 상승할 수 있다. 그 반응은 마치 침실 옷장 안에서 사자의 포효를 들을 때와 맞먹는 수준이다.

과도하고 지속적인 스트레스가 학습 능력은 물론 정신 건강에도 얼마나 치명적인 영향을 미치는지 과학자들이 점점 더 강력한 증거를 제시함에 따라, 교사와 부모들은 지금까지 아이들을 지배해 온 몇몇 규율을 다시 생각해 볼 수밖에 없을 것이다. 예컨대 마이크 테스트 이후, 몇 년간 아이들을 가르쳐 온 한 학생은 더 이상 예고 없이 아이들을 지목하는 일은 하지 않겠다고 말했다.

한 걸음 더 나아가, 어떻게 하면 건강한 스트레스가 위협으로 바뀌는 경계선을 더 잘 포착할 수 있을까? 이 지점은 학생마다 다를 수밖에 없으며 각자에게 요구되는 부담과 그에 대응할 수 있는 자원의 고유한 균형에 따라 달라진다.

압박 상황에서의 행동을 평가하는 모델은 1996년 심리학자 짐 블라스코비치Jim Blascovich와 조 토마카Joe Tomaka가 처음으로 고안하여 발표했다. 그들은 시험을 치거나, 연설을 하거나, 누군가에게 물건을 파는 등 다양한 과제를 수행했던 사람들을 대상으로 한 수많은 연구를 검토했다. 그 결과, 사람들은 주어진 상황의 요구 수준과 자신의 자원이 대략적으로라도 균형을 이룬다고(대개 무의식적으로) 판단할 때 건강한 정도의 도전 의식을 느꼈다.[3] 반대로 상황이 요구하는 수준이 개인이 가진 자원을 넘어선다고 느끼는 경우 그 사람은 위협을 느낄 가능성이 커졌다.

여기서 말하는 요구와 자원에는 객관적 요소와 함께 주관적인 요소들까지 모두 포함된다. 어떤 과제에 수반되는 요구에는 단순히 얼마나 많은 노력이 필요한지뿐 아니라, 그 상황에 내재된 위험과 불확실성을 개인이 어떻게 인식하는지도 함께 작용한다.

자원은 기술, 장비, 지식, 익숙함, 경험 같은 것들에서부터 전날 밤 잠을 얼마나 잘 잤는지와 같은 사소해 보이는 요소까지 무엇이든 포함될 수 있다. 또한 개인의 기질도 포함된다. 마이크 테스트가 있던 날 오후, 유난히 태평해 보이던 한 학생은 이렇게 말했다. "앞에 나가서 망신 좀 당한다고 뭐 잘못될 게 있나요?"

블라스코비치와 토마카를 비롯하여 그 뒤를 따르는 수많은 연구자는 도전으로 인식된 상태와 위협으로 인식된 상태가 만들어 내는 상반된 생리적 반응을 세심하게 설명해 왔다. 두 정서 상태 모두 심박수가 다소 빨라진다는 공통점이 있는데, 이는 가벼운 유산소 운동을 할 때와 비슷한 수준이다. 하지만 위협을 받을 때는 도전할 때와는 반대로 동맥이 수축하면서 혈압이 상승한다. 이는 포식자로부터 도망치기에 가장 적합한 생리적 상태이지만 인지 과제를 수행하기에는 전혀 적절하지 않다. 팔다리에 에너지가 집중되는 대신, 뇌 기능이 희생되기 때문이다.

최악의 경우 위협을 인지하는 순간 우리가 흔히 말하는 투쟁-도피 반응으로 이어지며, 이때는 공황이 이성을 압도한다. 이런 반응은 앞서 말한 사자처럼 실제 위험에 의해서도 촉발될 수 있지만 과거의 기억에 의해서도 충분히 유발될 수 있다. 예컨대 한 번이라도 공개적으로 망신당한 경험이 있는 학생은 그 기억만으로도 위험을 예감하게 된다.

평균적인 초등학생의 경우를 생각해 보자. 아이들에게 놀림받고 선생님에게 호되게 꾸중 듣는 경험을 몇 번 하고 나면, 학교는 그 아이에게 극도로 적대적인 공간으로 느껴질 수 있다. 그 결과 학교를 떠올리는 것만으로도 위협 반응이 촉발된다. 그리고 이것을 꼭 기억해야 한다. 부모나 교사가 보기에는 아이가 전혀 위험한 상황에 있지 않더라도 그것은 중요하지 않다. 말 그대로 아무 상관이 없다. 학생이 위협을 느끼는 순간 그 결과는 동일하다. 그 아이는 교실에 들어서는 순간부터 온통 살아남기 위한 궁리만 할 것이다. 아무것도 배울 수 없다.

이는 부모, 교사, 학생들에게 큰 의미를 갖는다. 아이들이 학교에서 잠재력을 최대한 발휘하도록 돕기 위해서는 도전과 위협의 역학이 무엇인지, 그것이 개인마다 얼마나 다르게 작동하는지 더 정교하게 분석할 수 있어야 한다. 다행히 그 지점을 밝히기 위한 다양한 시도들이 행해지고 있다. 그중 한 가지 주목할 만한 연구는 사회적 지원에 대한, 또는 지원의 부재에 대한 인식이 요구와 자원의 균형에 어느 정도까지 영향을 미치는지 살펴보는 것이다. 교사나 또래 친구들이 그 학생이 해낼 것이라고 믿는가? 1장에서 이야기한 로젠탈 효과를 기억한다면, 이것이 실제로 성취에 상당히 큰 영향을 미친다는 것을 쉽게 알 수 있을 것이다.

이 현상은 큰 과학 박물관인 샌프란시스코의 익스플로라토리움Exploratorium에서 진행된 한 실험을 통해 멋지게 드러난 바 있다. 방문객들은 부스에 들어가 마이크에 대고 말을 하도록 안내받는데, 그와 동시에 스피커에서는 박수 소리가 흘러나온다. 그 효과음만으로도 사람들의 자신감을 북돋아 줄 수 있다.[4]

최근의 흥미로운 발견 중 하나는 시험을 치기 전 자신의 걱정거리를 짧게 적는 것만으로도 학생들의 점수가 눈에 띄게 향상되었다는 것이다. 이런 기법은 불안 수준이 높은 학생들에게서 더욱 효과적이었다. 한 연구에서는 아프리카계 미국인 학생들에게 학기 동안 반복적으로 자신의 핵심 가치를 확인하도록 요청했을 때, 연말이 되면 통상적으로 나타나던 인종 간 학업 성취 격차가 유의미하게 줄었다는 결과가 나왔다.[5]

이 모든 사례는 우리가 안다고 생각하는 지식이 결코 고정된 것이 아니며, 단순히 얼마나 많이 공부했는가에만 달려 있는 것도 아니라는 사실을 잘 보여 준다. 우리의 수행 능력은 상황과 환경에 따라 끊임없이 달라진다.

상황은 학습에 강한 부정적 영향을 미치기도 한다. 실제로 나와 같은 아이들에게 그렇다. '고정관념 위협stereotype threat'이라고 불리는 역학이 있는데, 1990년대 중반 사회심리학자 클로드 스틸Claude Steele이 처음 설명한 개념이다. 이는 타인이 자신에게 품고 있다고 느끼는 부정적인 기대를 개인이 내면화하고 결국 그 예언을 스스로 실현하게 되는 과정을 가리킨다. 다시 말해 수학 시험을 보기 전에 누군가 다가와 "너 같은 문제아, ADHD 아이들 혹은 그 밖에 특정 집단은 수학을 잘 못해."라고 말한다면 그 말을 듣지 않았을 때보다 실제 결과가 더 나빠질 가능성이 크다는 뜻이다.

'고정관념 위협'에 관한 연구는 감정이 사고와 학습에 얼마나 긴밀하게 엮여 있는지를 보여 주는 매우 분명한 사례다.[6] 동시에 이 연구는 행동과 학습이 결코 단순한 개인의 속성에서 나오는 것이 아니라, 자신을 둘러싼 환경과 맺는 고유한 상호작용에 따라 달라지는 복합적 시스템의 결과라는 사실을 결코 잊어서는 안 된다는 점을 분명히 드러낸다.

사람들이 학습 방식의 엄청난 개인차를 인종, 문화, 소득과 같은 다른 형태의 다양성과 함께 인식하게 되면서, 학교 역시 부정적인 기대가 초래할 위험성에 더 주목하고 있다. 하지만 지금까지는 그보다 훨씬 즉각적이고 눈에 띄는 학교 내 위협, 즉 광범위하게 퍼져 있는 괴롭힘 문제에 더 많은 관심이 쏠려 있었다.

학교 폭력을 다루는 방식이 중요한 이유

4장에서 말했듯이 학교 폭력에 대한 사회적 관심은 눈에 띄게 커졌다. 학교 폭력은 학생들의 정서를 가장 직접적으로 훼손하는 방식이기 때문이다. 이에 많은 학교가 학교 폭력을 예방하자는 흐름에 동참해 다양한 대응책을 도입해 왔다. 이들 중에는 효과적으로 보이는 것도 있었지만, 대부분이 의도는 좋았으나 기대에 못 미치는 결과로 끝났다. 이 글을 쓰는 현재도 가장 효과적인 프로그램이 무엇인지에 대한 연구는 많지 않다.

그럼에도 지금까지 축적된 연구들은 학교가 아이들이 지속적으로 위협받는 상황을 예방하는 데 상당한 영향력을 지니고 있음을 시사한다. 위협 반응이 학습에 미치는 영향을 충분히 아는 우리는 이 문제에 더 적극적으로 나설 책임이 있다. 최근의 연구에 따르면 가장 성공적인 프로그램의 경우, 학교 폭력 발생률을 최대 23퍼센트까지 낮춘 것으로 나타났다.[7]

지금까지 가장 많은 찬사를 받은 전략은 올베우스 학교 폭력 예방 프로그램이다. 1970년 노르웨이에서 스웨덴의 연구심리학자 댄 올베우스Dan Olweus가 처음 도입한 이 프로그램은 다양한 요소가 함께 작용하는 학교 전체 차원의 모델로 이후 미국을 비롯한 전 세계로 확산되었다.[8] 이 프로그램의 효과적인 도구로는 부모 교육 세션을 포함한 가정과의 연계, 교사 연수, 쉬는 시간 동안 세심한 감독 등이 있다.

안타깝게도 몇몇 학교 폭력 예방 프로그램은 오히려 해가 되는 결과를 낳기도 한다. 이런 실패 사례는 대개 또래 멘토링이나 또래 주도 갈등 해결처럼, 문제에 연루된 아이들에게 지나치게 많은 권한을 넘겨 주는 방식에서 나타난다. 케임브리지 대학교 범죄학자 데이비드 패링턴David Farrington과 마리아 트토피Maria Ttofi는 지금까지의 학교 폭력 예방 프로그램을 가장 포괄적으로 분석한 연구들을 발표했다. 그 결과 학교 폭력과 같은 행동을 없앨 목적으로 아이들을 한데 모아 놓는 방식이 오히려 전염 효과를 통해 문제 행동을 더 널리 퍼뜨리는 경우가 많다는 사실을 밝혀냈다.[9]

또 다른 연구자들은 갈등 해결에 초점을 맞춘 프로그램들을 비판해 왔다. 이런 접근은 문제를 동등한 힘을 가진 두 또래 간의 갈등으로 잘못 규정하기 때문이다. 실제로는 힘이 센 학생이 약한 학생을 부당하게 대하는 관계임에도 말이다.

학교 폭력이든 다른 행동이든 학교에서의 나쁜 행동에 대해 그저 훈계만 늘어놓는 방식은 효과가 없다는 사실이 연구를 통해 밝혀졌다. 이른바 "그냥 하지 마라Just Say No." 식의 마약 예방 프로그램이 대표적인 예다.[10] 무엇보다도 가장 도움이 되지 않는, 역효과를 낳기까지 하는 방식은 오늘날 많은 학교에서 시행하는 무관용 정책이다. 이 정책은 학교 폭력을 비롯해 규칙을 어기는 학생들에게 무조건 정학 처분을 내린다.[11] 그러나 이러한 엄격한 정책은 효과가 입증된 바 없으며 오히려 학교 폭력 신고를 줄이는 결과를 낳을 수 있다. 피해자나 목격자가 한 아이의 학교생활을 끝장내는 책임을 떠안고 싶어 하지 않기 때문이다.

만성적으로 놀림이나 괴롭힘, 따돌림을 당한 학생이 학교에 흥미를 느낄 수 없다는 사실은 대단한 과학 지식 없이도 쉽게 예측할 수 있다. 그래서 많은 학교가 학교 폭력을 다루는 차원을 넘어 학생들의 사회적, 정서적 역량을 강조하는 새로운 프로그램을 도입해 그들의 삶의 질을 개선하기 위해 노력하고 있다. 2011년 발표된 첫 대규모 분석에 따르면, 이러한 프로그램들은 전반적으로 많은 아이가 인간관계를 개선하는 데 도움을 주었을 뿐 아니라 학업 성취에도 유의미한 영향을 미친 것으로 나타났다.[12]

이 연구는 학술지 「아동발달Child Development」에 실렸으며, 시카고에 있는 두 대학의 연구진들이 수행했다. 연구진은 유치원부터 고등학교 학생 약 27만 명이 참여한 200여 개의 학교 기반 사회 정서 프로그램을 분석했다. 이 프로그램들에는 교사나 외부 전문가가 진행하는 교실 수업이 포함되었고 감정과 관계를 관리하는 법, 현실적인 목표를 설정하고 달성하는 법과 같은 주제에 초점을 맞추었다. 제대로 운영될 경우 아이들에게 요구되는 것과 그에 대응하는 자원 사이의 핵심적인 균형을 조정하는 데 큰 도움을 줄 수 있었다. 연구자들은 학생들의 문제 행동과 불안이 줄어드는 등 여러 긍정적 효과를 확인했으며, 가장 놀라운 결과로 학업성적이 평균 11퍼센트 향상되었다는 점을 들었다.

물론 이러한 시도들이 항상 바람직하게 이루어지는 것은 아니다. 일부 학교에서는 사회 정서 학습이 정치적 올바름을 과도하게 추구하는 구호처럼 변질되기도 했다. 어떤 학교는 아이가 패배의 고통을 겪지 않도록 한다는 이유로 경쟁 스포츠를 아예 없애기까지 했는데, 이는 좋게 봐도 방향을 잘못 잡은 결정이라고 생각한다. 공정하게 경쟁하는 법을 배우는 것은 잘못된 것이 아니다. '잘 지는 법'을 배움으로써 얻을 수 있는 것도 많다. 반면 이해와 존중을 바탕으로 학생들의 정서적 자원을 뒷받침하는 학교 문화를 신중하게 구축해 가고 있는 학교도 분명히 존재한다.

이런 환경들을 신중하게 고려하는 것이 아이들의 문제 행동을 효과적으로 제어하는 방법이자 아이들이 학교에서 잠재력을 최대한 발휘하게 만드는 최선의 길이라고 확신한다. 수많은 연구가 아이들이 무력감이나 지루함을 덜 느끼고, 어른들, 또래들과 긍정적으로 연결되어 있다고 느낄수록 정서적, 사회적, 학업적으로 더 뛰어난 능력을 발휘한다는 것을 입증한다.[13]

보스턴 대학교의 연구심리학자 피터 게이Peter Gay는 「학교 폭력: 강제적 학교 교육과 권위주의적 학교 운영이 낳은 비극」이라는 온라인 칼럼에서 대부분 학교에 만연한 하향식 권력 구조를 감옥이나 중국의 봉건 제도에 비유했다. 그리고 학생들이 들키지 않을 때는 물론, 심지어 들킬 걸 알면서도 반항하는 것은 지극히 자연스러운 일이라고 설명했다.

게이가 지적하듯, 학교 폭력은 사람들이 정치적 권력을 전혀 갖지 못한 환경에서 반복적으로 발생한다. 그리고 간수나 교도

관, 교사들이 문제를 효과적으로 해결하기보다 덮어 두는 데 관심을 두는 한 상황은 달라지지 않는다. 반대로 학생들이 자신이 처한 환경에 대해 실질적인 권한을 가지고 있다고 느낄 때, 그 환경을 평화롭고 성공적으로 유지하는 데 관심을 갖는다.

다시 한번 강조하는데 핵심은 환경이다. 아이에게 공감을 가르치고 싶다면 말로만 설명해선 안 된다. 대신 그들을 지지해 주는 민주적이고 공정하며 잔인함이 배제된 환경에 놓아라. 예컨대 단기 기억력이 형편없다는 이유로 벌주지도, 조롱하지도 않는 곳처럼 공감이 자연스럽게 흘러나오는 환경 말이다.

그런 다음 한발 물러서서 기적이 일어나는 모습을 지켜보기만 하면 된다. 내가 스쿠터를 위해 나섰던 순간처럼, 말레카 그램링이 수백 명 앞에서 국가를 당당히 불렀던 순간처럼 말이다.

- 학습 능력은 정서 상태에 달려 있으며, 그 정서 상태는 '환경'에 의해 좌우된다.
- 의사 결정을 할 때 순수한 이성보다 감정이 훨씬 더 큰 영향을 미친다.
- 적당한 스트레스는 학습에 도움이 될 수 있지만, 과도한 스트레스는 학습을 가로막는다. 그 '적정 수준'은 사람마다 다르다.
- 도전 의식을 느끼며 몰입하게 되는지, 위협을 느끼고 위축되는지는 요구와 자원의 균형에 달려 있다. 요구에는 과제의 난이도부터 타인의 반응에 대한 개인의 인식까지 모든 요소가 포함된다. 자원에는 자신이 느끼는 역량, 이용 가능한 자료와 지원, 개인의 기질 같은 요소들이 포함된다.

••• TO DO •••

☐ 집과 학교에서 아이가 얼마나 많은 스트레스를 받는지, 그 스트레스를 위협으로 느끼는지 도전으로 느끼는지 살펴보라.

☐ 다루기 힘든 아이와의 상호작용이 대부분 부정적으로 굳어졌다면, 몇 가지 '무작위적인 친절'을 시도해 보라. 그것만으로도 긍정적 피드백 루프를 다시 시작할 수 있을지도 모른다.

☐ 일부 고등학교는 학생들의 정서적 자원을 키우는 방식으로 학습을 지지하는 문화를 만들어 왔다. 부모로서 자녀의 학교가 그런 기준에 얼마나 부합하는지 점검해 볼 가치는 충분하며, 가능하다면 개선을 뒷받침할 방법을 찾는 것도 중요하다.

7장

성장의 동력

"올바른 판단은 경험에서 나오고,
경험은 잘못된 판단에서 나온다."

_ 물라 나스루딘

느리게 일어나는 변화

시간이 꽤 흐르고 최근 몇 년 사이 우리 삶이 훨씬 나아진 덕분에 이제 부모님과 케일린은 내가 예전에 그들을 얼마나 미치게 했는 지 웃으며 이야기할 수 있게 되었다. 특히 첫 아들이 태어난 뒤 불과 2년 동안 나는 무려 열 개가 넘는 직업을 전전했다.

오스틴을 처음 품에 안은 그날부터 나는 만나는 사람마다 아버지가 된 경험이 나를 근본적으로 바꾸었다고 말하고 다녔다. 이제야말로 마음을 다잡고 새로운 가족을 부양하기 위해 열심히 일할 준비가 되었다고 선언했다. 하지만 현실은 달랐다. 나는 여전히 어떤 직장에서도 세 달 이상 버티지 못했다.

백화점에서 진열대를 채우는 일을 하다가 공장에서 알루미늄 판을 찍어 내는 조립라인으로 옮겼고, 새벽녘 빵집에서 베이 글을 굽기도 했다. 신용카드 고객센터에서 전화 상담도 했고 유타 북부 일대를 돌아다니며 철제 울타리를 판매하는 일까지 했다.

나는 어디에서도 해고당하지 않았다. 오히려 넘치는 에너지와 높은 생산성 덕분에 상사들에게 칭찬을 받곤 했다. 하지만 일이 익숙해지는 순간 극심한 지루함을 느꼈고 하루도 더 버틸 수 없을 만큼 견디기 힘들어져 결국 그만두고 말았다. 당시 장인어른을 비롯한 주변 사람들에게 이런 태도는 해고당하는 것보다 훨씬 나쁜 인상을 주었다. 그들에게 일은 애초에 즐거울 필요가 없는 것이었고 그저 참고 견뎌야 하는 것이었기 때문이다. 장인어른은 문제를 간파했다는 듯 나를 '타고난 게으름뱅이'라고 단정했다.

우리는 언제나 돈이 부족했다. 오스틴이 태어나기 얼마 전, 케일린과 나는 부모님 집 지하실을 나와 3킬로미터 정도 떨어진 원룸 아파트로 이사했다. 그것은 우리가 진정한 어른으로서의 삶을 시작하겠다는 독립 선언이었지만 호사와는 거리가 멀었다.

집 크기는 고작 40제곱미터 남짓이었다. 너무 좁아서 집 한가운데 엎드리면 몸이 주방과 화장실, 거실, 침실에 모두 닿을 정도였다. 침실은 우리 침대와 오스틴의 아기 침대를 겨우 넣을 수 있을 만큼 작았다. 또 다른 문제는 내가 첫 달 월세조차 낼 돈이 없었다는 것이다. 수치스러운 상황에서 다행히도 어머니가 조용히 우리를 도와주었다. 내가 반드시 갚겠다고 약속하자 어머니는 말없이 수표를 써 주었다.

지금 생각해 보면 어머니가 그때 좀 더 신중했어야 했을지도 모른다. 우리의 재정 상태는 계속 악화되었다. 내가 버는 돈은 너무나 적었고 케일린과 나는 친구의 호의에 의존해 기저귀를 장만했다. 청구서가 산더미처럼 쌓인 끝에 우리는 결국 복지 수당을 신청했고, 굴욕적이게도 이후 3년을 복지에 의존해 살았다.

케일린은 법이 허용하는 최대 빈도인 일주일에 한 번꼴로 헌혈해 생활비를 보탰다. 안타깝게도 우리가 조금이라도 돈을 모으면 어김없이 내 충동성이 발목을 잡았다. 그때마다 우리는 다시 위태로운 낭떠러지로 밀려났다. 예컨대 전자 제품 매장에서 판매 수당을 받는 영업직으로 일한 지 일주일 만에, 점심시간 동안 근처 자동차 매장을 어슬렁거리다가 충동적으로 감당할 수 없는 파란색 혼다 시빅을 사 버렸다. 그 차는 곧 압류되었고 이 한 번의 어리석은 선택은 이후 수년간 우리의 신용도를 망쳐 놓았다.

이 모든 상황을 고려하면 누군가는 내가 전혀 달라지지 않았다고 결론 내렸을 법도 하다. 나는 여전히 이유 없이 차에 돌을 던지는 아이 같았고, 부정한 돈으로 친구들에게 아침을 사겠다며 학교를 빠지던 게으른 십대 같았다. 그럼에도 지금의 나는 확신한다. 그런 실망스러운 모습들 아래에서 나는 분명 변화하고 있었다는 것을 말이다. 느리게, 미묘하게, 그러나 근본적으로.

자기 연민, 변화를 시작할 힘

내가 문제아에서 하버드 지원자로 바뀌기 시작한 출발점을 굳이 찾는다면 아마도 레이턴 고등학교에서 스쿠터를 위해 나선 바로 그날일 것이다. 공감에서 비롯된 충동에 따라 행동하여 괴롭힘당하는 친구를 두둔했던 전례없는 결정은 인생의 중대한 전환점이 되었다. 그것은 내가 처음으로 더 큰 공동체의 일원으로 참여하겠다고 서명한 순간이었다.

물론 나이가 들면서 어느 정도 성숙해졌다고 할 수 있겠지만 나의 변화는 그런 단순한 설명으로는 표현할 수 없는 것이었다. 오랜 시간 사회적으로 고립되어 지낸 탓에 나는 인간의 본성, 심지어 나 자신도 선하다고 생각하지 않았다. 하지만 새로운 고등학교에서 만난 친구들은 나를 받아 주었을 뿐만 아니라, 가치 있는 존재로 느끼게 해 주었다. 처음으로 나는 다른 사람들에게 최선을 다할 의무가 있다고 진심으로 생각하게 되었다.

결혼은 이런 생각에 결정적인 힘을 보탰고 그로 인해 예전엔 상상도 할 수 없던 변화의 문이 열렸다. 천천히, 그러나 점점 더 나는 나 자신에게 솔직해졌다. 여전히 바보 같은 실수를 많이 저질렀지만, 내가 기억하기에 처음으로 실수를 인정하는 데서 그치지 않고 왜 그런 일이 벌어졌는지 이해하려고 노력하게 되었다. 다시 말해 실수로부터 배울 수 있는 사람이 되어 갔다.

물론 아무 문제 없는 사람들은 어린 시절부터 이런 기술을 익히겠지만 나 같은 사람들은 나름의 이유 때문에 그 과정이 훨씬 어렵다. 아주 어린 나이부터 너무 많은 어리석은 실수를 저지르고, 그 결과 그것들을 부인하거나 변명으로 덮는 습관이 몸에 배기 때문이다. 그렇게라도 하지 않으면 구제 불능의 실패자라는 말이 사실로 확정될 것 같은 느낌이 든다.

이런 자기 합리화에 너무 능숙해진 나머지 나는 스스로도 속일 수 있게 되었다. 실수의 책임을 다른 사람이나 상황 탓으로 돌리는 것이 내가 살아갈 수 있는 유일한 방법이었다. 하지만 결혼 초기 몇 년 동안, 나는 그런 변명을 내려놓고 정직하게 나 자신을 마주할 용기를 냈다. 내 안의 좋은 부분들을 알아볼 수 있게 되자 비로소 고쳐야 할 부분들에도 제대로 다가갈 수 있게 되었다.

시간이 흐른 뒤 나는 이 과정을 설명하는 연구들을 접하게 되었다. 그것은 불교 철학에서 영감을 받은 심리학의 새로운 연구 흐름으로 '자기 연민', 쉽게 말해 '자신에게 친절해지는 태도'가 얼마나 큰 효과를 가져오는지 밝혀낸 것이었다.[1] 연구자들은 자기 연민 점수가 높은 사람들이 그렇지 않은 사람보다 우울감이나 불안감을 덜 느끼고 행복하고 낙관적이라는 사실을 발견했다.[2]

이 분야의 선구자인 텍사스 대학교 심리학자 크리스틴 네프

Kristin Neff는 자기 연민을 자기 방임이나 자기 합리화와 분명히 구분해야 한다는 점을 거듭 강조했다. 나 역시 이것을 잘 구분해야 한다고 생각한다. 그녀에 따르면 진정한 자기 연민은 스스로를 방치하는 태도가 아니다. 사람을 제자리에 묶어 두고 변화를 시작할 힘마저 앗아 가는 가혹한 자기비판을 멈추게 하는 힘이다.

비생산적인 자기비판과 달리 자기 연민은 성공과 연관되어 있다. 심지어 살을 빼기 위해 다이어트를 할 때도 자기 연민이 중요한 역할을 한다.[3] 돌아보면 나에게 자기 연민의 본보기가 되어 준 사람은 바로 어머니였다. 1장에서 이야기한 '회복을 돕는 환경'을 지켜 온 태도부터 자신을 대하는 너그러운 말투까지 모두 그랬다. 어머니는 내게 말하곤 했다. "나는 완벽하지 않았고 실수도 많이 했지만, 순간순간 내가 할 수 있는 최선은 다했단다."

레이턴 고등학교에서 전례없는 사회적 성공을 경험한 이후 나는 나 자신에게 더 친절해질 수 있었을 뿐만 아니라 내게 중요한 관계를 돌보는 데에도 능숙해졌다. 부모님과의 관계도 마찬가지였다. 마침내 부모님이 언제나 내 이익을 진심으로 바란다는 사실을 깨달았고, 그들의 말을 제대로 들으려 노력하기 시작했다.

어느 순간부터 나는 부모님이 어떻게 생각하는지를 중요하게 여겼다. 물론 처음에는 내색하지 않았지만 말이다. 그리고 그들에게 더 주의를 기울이면서 부모님이 얼마나 존경스러운 분들인지 깨닫기 시작했다. 그들은 원래 그런 사람이었을까, 아니면 내가 이제야 그것을 볼 수 있게 된 것일까?

두 분이 내게 한 어떤 말보다 더 인상 깊었던 것은 그들이 살아온 방식 그 자체였다. 말이 아니라 행동으로 교육의 가치를 보여 주며 살아온 사람들이었다. 실제로 이것은 부모와 자녀 사이의 가장 긍정적인 관계에서 반복해서 나타나는 공통점이다. 좋은 본보기는 언제나 말보다 훨씬 강력하다.

시간이 흘러 내가 하버드에 합격한 뒤 한 기자가 물었다. "도대체 무엇이 과거에 실패한 학교로 다시 돌아갈 수 있다는 자신감을 주었나요?" 그것은 내가 전혀 생각해 보지 못한 것이었다. 나는 그저 어릴 적부터 부모님이 배우는 과정을 통해 스스로를 새롭게 만들어 가는 모습을 지켜봤고, 그로 인해 그들의 삶이 얼마나 좋아졌는지도 보았다. 내가 한 일은 단지 그들의 발자취를 따라간 것뿐이었다. 이것이 바로 내가 고등학교를 중퇴하고도 미래를 망치지 않을 수 있었던 이유 중 하나다. 변화하겠다고 결심했을 때 나는 이미 내 삶을 다시 세울 토대를 갖추고 있었던 것이다.

그보다 훨씬 이전부터 부모님은 내게 본보기가 되어 주었다. 단지 직업을 바꾼다는 점에서만이 아니라, 사람으로서 어떻게 달라질 수 있는지를 몸소 보여 주었다. 아버지는 직업을 바꾸기 위해 다시 학교에 다녔고 그 과정에서 놀랄 만큼 달라졌다. 예전에는 쉽게 화를 내던 사람이었지만 학교를 다녀온 뒤에는 더 사려 깊고 덜 충동적인 사람이 되었다. 자존감이 생기자 나를 덜 걱정하게 되었고 인내심도 훨씬 많아졌다. 오랫동안 내가 바뀔 수 있을까 걱정해 온 나에게 그 모습은 강력한 교훈이 되었다. 아버지는 마흔 후반의 나이에 감정을 다루는 완전히 새로운 방식을 배웠다. 나는 아버지가 할 수 있다면 나도 할 수 있다고 생각했다.

사실 아버지와 시간을 많이 보내기 시작한 건 내가 집을 나온 뒤였다. 마침 그 무렵 우리는 우연히 동시에 골프에 빠지게 되었고 거의 매주 주말마다 유타 북부에 있는 여러 골프장을 돌아다녔다. 돈을 아끼기 위해 카트를 타지 않고 걸어 다녔는데, 그 산책 시간 동안 아버지는 나에게 무수한 조언을 해 주었다. 나는 아버지가 갑자기 현명해진 것인지, 내가 아버지의 지혜를 이해할 수 있을 만큼 성장한 것인지 궁금해졌다.

실수로부터 배우다

아버지는 늘 엄격했지만 자신의 방식만을 고집하는 사람은 아니었다. 결혼한 지 얼마 되지 않았을 때 장인어른은 나에게 이렇게 말했다. "아이에게 절대 사과하지 마라." 이 말은 다소 솔직한 양육 방식에 익숙했던 나에게 무척 낯설게 느껴졌다. 특히 우리 아버지와 어머니는 자신의 실수를 인정하고 그것에 대해 솔직하게 이야기하는 것을 원칙처럼 지켜 왔다.

아버지가 자주 하던 말이 있다. "누구나 실수를 하지만 진짜 인격과 품성은 그다음에 무엇을 하느냐에서 드러난다." 이 말은 특히 나처럼 실수를 자주 하는 아이를 둔 부모에게 훌륭한 조언이다. 어차피 실수하지 않는 것은 불가능하니 실수를 멈추는 데 에너지를 쏟기보다는, 솔직하게 말하도록 격려하고 상황을 어떻게 바로잡을지 스스로 생각해 보게 하는 편이 훨씬 도움이 된다.

부모님의 그런 태도는 그 시기 내가 가장 현명한 일을 선택하게 만들었다. 나는 작은 검정색 스프링 노트를 하나 사서 내가 저지른 어리석은 행동들을 기록하기 시작했다. 선생님들은 늘 일기를 쓰라고 했지만 막상 그렇게 하니 창피했다. 도대체 어떤 패배자가 자신이 저지른 실수들로 노트 한 권을 채운단 말인가? 하지만 나는 점점 '메타인지metacognition'를 훈련하는 게 얼마나 유용한지 깨닫기 시작했다. 자기 통제라는 정신 근육을 단련하면 형편없는 샷을 쳤다고 골프채를 던지는 일도 줄지 않을까 싶었다. 점심 시간에 충동적으로 혼다를 사는 일도 없었을지 몰랐다.

물론 이 연습을 시작하는 건 고통스러웠다. 가장 약한 근육을 써야 했으니까. 그래서 나름의 전략을 세웠다. 자존감이 유난히 높을 때만 이 노트를 읽기로 한 것이다. 농구 경기에서 결정적인 숏을 성공시킨 직후 같은 순간들 말이다. 그런 때에는 무슨 일이 있었는지 비교적 차분하게 되짚어 볼 수 있었고, 그 실수가 정말로 어느 정도 내 책임인지, 내가 무엇을 할 수 있는지를 판단할 수 있었다. 그 사건을 아버지가 목격했을 경우, 아버지와 그 일을 두고 이야기를 나눴을 경우에는 아버지의 관점도 함께 적었다.

이런 일도 있었다. 아버지와 골프를 치다가 아버지가 공을 찾으러 20미터쯤 떨어진 곳으로 걸어갔다. 그때 짧은 골프 스커트를 입은 여성이 아버지 앞으로 지나갔다. 순간 그 여자를 향해 휘파람을 불면 아버지가 한 것처럼 오해할 테니 얼마나 웃길까 싶었다. 그래서 그렇게 했다. 불과 2~3년 전만 해도 내가 그런 행동을 했다면 아버지는 내 무례함에 크게 화를 냈을 것이다. 나 역시 그런 반응에 익숙했기에 아버지가 걸어오는 동안 잔뜩 긴장했다.

그런데 뜻밖에도 아버지는 화가 났다기보다 당황한 표정으로 조용히 말했다. 마침 2주 전에 직장에서 성희롱 예방 교육을 받았다는 것이다. "아들아, 네가 장난으로 그런 거라는 건 알아. 하지만 저 여성의 입장에서 한번 생각해 봐라. 몇 분 전까지만 해도 그녀는 그냥 골퍼였겠지. 하지만 지금은 어떤 기분일까?" 아버지는 내 등을 가볍게 두드리고는 다시 공을 치러 갔다.

내가 성장하는 동안 부모님은 어떻게 해야 나를 잘 키울 수 있을지를 두고 정말 많은 시간 논쟁하며 보냈다. 언제나 아버지가 더 높은 기대치를 갖고 있었고 엄격한 규칙과 그에 따른 결과를 통해 내가 기대에 부응할 수 있다고 믿었다. 그러면서 내 자존감이 바닷속까지 가라앉아 있다는 걸 알던 어머니가 자신감을 키워 주는 쪽으로 기울어 있는 것을 너무 물러 터졌다고 생각했다.

여러 이유가 있었지만 무엇보다 강한 의지 덕분에 논쟁에서 대체로 어머니가 이겼고, 나는 그게 정말 다행이라고 생각한다. 이미 구덩이에 빠진 아이에게 누군가의 거창한 기대는 별 도움이 되지 않기 때문이다. 하지만 한편으로는 아버지의 접근법에 대해서도 똑같이 고마움을 느낀다. 내가 받아들일 준비가 되었을 때 그의 방식도 나에게 도움이 되었기 때문이다.

이 모든 이야기는 아이를 잘 키우는 단 하나의 정답은 없다는 사실을 보여 준다. 처음에는 어떤 목표든 세울 수 있지만 상황이 바뀌면 방법 역시 바꿀 줄 알아야 한다. 동시에 두 부모 모두가 아이의 삶에 관여할수록 아이의 정신 건강과 전반적인 행복감이 더 좋아진다는 연구 결과도 많다. 아버지와 깊은 관계를 맺은 아이들은 약물 남용 위험이 낮고 문제 해결 능력이 높다. 흥미롭게도 충동 조절과 기억력 향상과도 연관이 있는 것으로 나타났다.[4]

좀 더 일찍 아버지와 친밀한 관계를 맺었다면 어린 시절 나의 문제 행동을 막을 수 있었을까? 솔직히 잘 모르겠다. 다만 한 가지는 분명하다. 내가 지루해서 미칠 것 같은 직업에 더 이상 매달리지 않게 된 데에는 아버지의 조언과 삶을 통해 보여 준 본보기가 결정적인 역할을 했다는 것이다.

1995년의 습하고 더운 봄과 여름, 아들 오스틴이 태어난 첫해에 아버지와 골프를 치기 시작하면서 나는 아버지를 더욱 유심히 관찰하고 그의 말을 주의 깊게 듣게 되었다. 아버지가 학교로 돌아가는 일이 얼마나 힘들었는지 이야기했을 때 나는 그 말의 의미를 잘 알았다. 그는 일하며 밤과 주말마다 수업을 들었고 나는 그 과정을 옆에서 지켜보았기 때문이다. 하지만 동시에 그 노력이 가져다준 보상도 가까이에서 목격했다. 더 흥미로운 일, 더 많은 급여, 새 집, 높아진 자존감이었다. 나는 그 모든 것을 나 역시 원한다는 것을 깨달았고 머지않아 계획을 세우기 시작했다.

그 무렵 나는 스스로를 충분히 들여다본 끝에, 내가 게으른 사람이 아니라 쉽게 싫증을 느끼는 사람이라는 사실을 깨달았다. 즉 선반 정리나 전화 응대보다 훨씬 도전적인 일이 아니고서는 장기적으로 버티지 못할 거란 뜻이었다. 아버지는 그런 일을 하려면 훨씬 더 많은 교육이 필요하다고 여러 번 차분하게 설명했다.

그 해 여름, 나는 아버지처럼 학교로 돌아가겠다고 마음먹었고 이번에는 제대로 해 보겠다고 다짐했다. 그리고 고귀한 결심에 도취된 채, 실제로는 아무 행동도 하지 않고 몇 달을 흘려보냈다.

믿음의 효과

레이턴 고등학교를 중퇴한 지 두어 달 만에 나는 검정고시를 봤다. 하지만 그 뒤 학업을 계속 이어 나갈지, 구체적으로는 지역 대학인 웨버 주립대학교에 등록할지에 대해 이야기할 때마다 나는 미루기 위한 핑계를 댔다. 등록금이 없다는 둥, 시간이 없다는 둥. 당시 나는 여러 도시를 돌아다니며 철망 울타리 파는 일을 하고 있었고, 너무 바빠 평일에는 케일린과 오스틴도 보지 못한다고 스스로 합리화했다. 결국 지친 케일린은 내가 일을 하러 나간 사이 부모님께 돈을 빌려 웨버 주립대학교에서 야간 수업 두 과목을 등록해 버렸다. 첫 수업은 바로 다음 주 월요일에 시작될 예정이었다.

케일린은 아무 생각 없이 과목을 골랐다. 기억하기로는 화학과 영어였다. 그날 저녁 늦게 집에 돌아왔을 때 그녀는 대수롭지 않다는 듯 이야기했다. "늦기 전에 네가 듣고 싶은 과목으로 바꾸는 게 좋을 거야." 특히 케일린이 "등록금은 환불이 안 돼."라고 말한 것이 내가 나아가기 위해 필요한 자극을 주었다.

하지만 학교에 찾아갔을 때는 이미 대부분의 수업이 마감된 상태였다. 게다가 웨버 주립대학교는 이론적으로는 개방 입학 제도를 운영했지만 담당자가 내 형편없는 고등학교 성적을 보고는 대부분의 수업을 들을 자격이 없다고 알려 주었다. 첫해에는 캠퍼스 밖에서 개설되는 강좌만 들을 수 있다는 말이었다.

선택지가 거의 없는 상황에서 나는 그나마 흥미를 끄는 두 과목을 골랐다. 경제학 개론과 대인관계 심리학이었다. 이런 선택을 한 데에는 아버지의 또 다른 조언이 있었다. 필수 과목부터 채우는 방식도 나쁘지 않지만 그보다 진짜로 흥미를 느끼는 수업을 들으라는 거였다. "너한테 공부 방법이 부족한 건 사실이지. 하지만 너의 가장 큰 문제는 동기야. 네가 흥미를 느낄 수 있는 수업을 선택해. 그러면 공부 방법도 자연스럽게 익히게 될 거야."

그 이후 나는 이 조언의 가치를 실감했다. 배움에 있어 가장 어려운 부분은 '왜 이걸 공부해야 하는가.'에 대한 의문이었다. 주변 사람들의 기대도 중요하긴 했지만 그것은 끝까지 힘을 발휘하지 못했다. 스스로 몰입할 수 있는 이유가 필요했다. 그 문턱을 넘기만 하면 그다음부터는 문제없을 거였다.

나는 당시 경제학과 심리학에 관심이 있었다. 우연이 아니라 그 두 분야가 내가 겪는 문제들과 직접적으로 맞닿아 있었기 때문이다. 운 좋게도 나는 또 하나의 관심을 가질 이유를 얻게 되었다. 바로 심리학 교수인 줄리앤 아버클Julianne Arbuckle이었다. 처음 그녀를 본 순간 나는 새로운 사람처럼 행동하기로 결심했다. 수업을 귀 기울여 듣고 의미심장하게 고개를 끄덕이며 열심히 필기하는 모범생 말이다. 놀랍게도 그녀는 정말 내가 그런 학생인 것처럼 대해 주었다. 우리는 서로를 높이 평가하는 건강한 상호 존중 관계를 형성했고 그녀가 첫 과제를 내기 전까지 잘 유지되었다.

나는 과제를 제출하지 않았다. 예전의 나쁜 습관이 되살아난 것이다. 이틀밤을 꼬박 새며 동생과 게임하느라 과제를 끝내지 못했다. 그런데 내가 과제를 제출하지 않았다는 사실을 알아차린 아버클 교수는 걱정스러운 표정으로 내게 다가와 낮은 목소리로 말했다. "토드, 이건 너답지 않네." "교수님, 이게 바로 저예요."라고 대답하고 싶었지만 다행히 입 밖으로 꺼내진 않았다. 그녀는 어떤 불이익도 없이 시간을 하루 더 주겠다고 했고 나는 이번에는 그녀를 실망시켜서는 안 된다는 것을 깨달았다.

그리고 몇 주 뒤, 아버클 교수가 나를 바라보는 현실과 다른 이미지는 또 모습을 드러냈다. 그날은 결혼기념일이어서 수업을 빠지고 케일린과 저녁을 먹으러 갔다. 그럼에도 꽤나 낯선 감정인 죄책감이 나를 붙잡았고 나는 수업의 마지막 부분이라도 들으려고 다시 학교로 갔다. 그런데 내가 도착했을 때 학생이 한 명밖에 없었다. 그녀는 나를 보자마자 괜찮냐고 물으며 말했다. "아버클 교수님이 네가 너무 걱정돼서 수업을 취소했어."

나는 잠시 멈춰 그 말을 곱씹었다. 교수님은 내가 미리 이야기하지 않고 수업에 빠질 리 없다고 생각했고, 내게 무슨 끔찍한 일이 생겼을 거라고 짐작했던 것이다. 정말 이런 일이 가능할까?

누군가 나를 이런 시선으로 바라볼 수 있다는 게? 나는 기꺼운 마음으로 교수님이 바라보는 이미지에 부응하며 살아가야 한다는 부담을 짊어졌다.

멘토가 만들어 내는 차이

이후 몇 년 동안 나는 늘 아버클 교수를 떠올리며 혈연이 아닌 멘토가 청소년기의 삶에서 얼마나 중요한가를 다루는 연구에 흥미를 느껴 왔다.[5] 회복탄력성은 흔히 생각하는 것처럼 타고나는 기질이 아니라 긍정적 피드백 고리를 포함한 복잡계의 산물이라는 점을 보여 주는 증거가 상당히 많다. 즉 아이가 강해지는 데에는 자신을 믿어 주는 타인의 존재가 필요하다는 것이다.

하와이 카우아이 섬에 사는 210명의 아이들을 40년 동안 추적한 종단 연구는 이 관점을 뒷받침한다. 연구에 따르면 회복탄력성을 보인 아이들 가운데는 생후 첫해에 주 양육자와 떨어져 지낸 경우가 거의 없었고, 맏이인 경우가 많았으며, 열두 살 이전에 동생이 태어난 사례도 없었다. 또 최소 한 명의 양육자와 이른 시기에 깊은 유대 관계를 형성했는데, 그 대상은 할머니이기도 했고 언니나 누나, 다른 친척이기도 했다. 과학 저널리스트 케이티 버틀러Katy Butler는 이렇게 썼다. "회복탄력성은 개인의 문제가 아니다. 그것은 통제력, 끈기, 사랑, 도덕적 용기, 희망을 배우게 해 주는 관계와 경험의 그물망이 겉으로 드러난 시각적 징표다."

내 부모님이 그랬던 것처럼, 부모는 아이를 위해서라면 산도 옮길 수 있다고 말하며 실제로 그런 일을 자주 해낸다. 하지만 어른이 되는 과정에서 또 다른 어른에게서 존중받는 경험이 결정적으로 중요한 순간이 반드시 찾아온다. 그 어른이 아이를 무조건적으로 믿어 주는 사람일 필요는 없다. 부모가 그런 관계를 대신 만들어 줄 수는 없지만 그런 만남이 자연스럽게 일어날 수 있는 환경을 찾아 주는 조력자 역할은 충분히 할 수 있다. 대학교처럼 멘토를 만나기 쉬운 환경도 있지만 아이가 열여덟 살이 될 때까지 기다릴 필요는 없다. 스포츠나 동아리 활동처럼 나이가 더 많은 청소년이나 어른이 롤 모델이 될 수 있는 활동을 찾아보면 된다.

아버클은 내 삶에서 바로 그런 결정적인 역할을 해 준 사람이었다. 그녀는 사회적 기대가 한 방향으로만 작용하는 게 아니라는 사실을 내게 일깨워 주었다. 중학교와 고등학교 시절, 선생님들과 친구들은 내가 실패할 것이라고 예상했으며, 나도 쉽게 그 기대에 부응했다. 하지만 아버클 교수는 내가 성공할 것이라고 기대했고, 인생의 결정적인 시점에서 내가 앞으로 나아가기 위해 필요한 것은 바로 그것 하나뿐이었다.

그때 나는 처음으로 내 행동을 진짜로 바꾸려면 무엇이 필요한지 스스로에게 묻기 시작했다. 동시에 그 목표를 뒷받침할 수 있도록 내가 처한 환경을 관리해야 한다는 필요성도 인식하게 되었다. 작은 변화가 어떻게 피드백 루프를 통해 큰 결과로 이어지는지 다시 한번 강조하기 위해 이 이야기를 덧붙이고 싶다. 웨버 주립대학교를 졸업할 때, 나는 아버클 교수를 찾아가 그녀가 내 인생에서 얼마나 결정적인 역할을 했는지 이야기했다. 그런데 놀랍게도 그녀는 그 상호작용을 희미하게만 기억하고 있었다.

새로운 환경 관리 계획의 일환으로 나는 내가 성공할 수 있다고 믿어 주는 사람들로 나 자신을 둘러싸는 것이 성공 확률을 가장 높이는 길이라는 사실을 깨달았다. 과거와의 깔끔한 단절도 필요했다. 그 시점부터 고등학교 시절의 나를 기억하는 사람을 마주칠 가능성이 있는 수업은 아예 피하겠다고 규칙을 세웠다.

수강 과목을 선택하는 데도 신중을 기했다. 가르치는 방식이 몰입감을 주는 교수의 수업, 그 자체로 너무 흥미로워 끝까지 버틸 수 있겠다는 확신이 드는 수업만 들었다. 그리고 웨버 주립대학교에서의 첫해가 끝나갈 무렵, 나는 또 하나의 개인적이면서도 전략적인 결정을 내렸다. 이 선택은 나의 잠재력을 온전히 발휘하는 데 큰 도움이 되었다. ADHD 증상 약을 처방받은 지 거의 10년이 지난 시점에서 그 약을 규칙적으로 복용하기 시작한 것이다.

약이라는 도구

잠깐 본론에서 벗어난 이야기를 해야 할 것 같다. 자극제 사용은 주의력과 학습 차이 분야에서 가장 큰 논란거리이기 때문이다. 나역시 이 문제에 대해서는 신중해야 한다고 생각한다. 모든 약에는 부작용이 있기 때문이다. 자극제의 흔한 부작용으로는 불면증, 성장 지연, 심장 질환이 있는 아이의 경우 심장 관련 위험이 있다.

또 하나 반드시 짚어야 할 사실은 자극제는 ADHD와 연관된 증상을 완화하기 위한 여러 도구 중 하나일 뿐 만병통치약은 아니라는 사실이다. 부작용이 없는 경우에도 모든 사람에게 효과가 있는 것은 아니며, 의사들에 따르면 대부분 아이가 1년 정도 지나면 복용을 중단한다. 의학계에서는 이를 '복약 순응도 부족'이라고 부르는데, 이 사실은 자극제 논쟁에서 대개 간과된다.

그러나 바로 이것이 연구자들이 ADHD를 자극제로 치료한다고 해서 장기적인 심각한 결과의 위험이 줄지 않는다는 결론에 이른 주요 요인일 가능성이 크다.[6] 자극제는 아이들이 학교를 졸업할 가능성을 높여 주지도 않고, 약물이나 알코올중독을 피하게 해주지도 않으며, 교도소에 가지 않도록 만들어 주지도 않는다.

그렇다고 자극제가 전혀 도움이 되지 않는다는 뜻은 아니다. 나를 비롯한 많은 사람에게 자극제는 충동적이고 산만한 행동의 극단을 어느 정도 완화해 주는 역할을 한다. 다만 자극제가 할 수 있는 일에 한계가 있다는 사실이, 책 전반에 걸쳐 강조한 핵심을 다시 한번 보여 준다. 행동은 생물학적 조건이 바뀌었든 아니든 언제나 그 이상으로 많은 것에 의해 결정된다는 사실이다.

아이에게 약을 먹일지 말지 결정해야 하는 부모들은 나보다 훨씬 심각하게 고민할 것이다. 그것은 아직 발달 중인 뇌에 대한 책임을 떠안는 일이기 때문에 결코 가볍게 다룰 수 없는 문제다. 나는 충분히 정보를 갖춘 성인으로서 결정을 내렸다. 하버드에서 약리학 강의를 수강했고, 자극제가 작용하는 신경 메커니즘과 그것이 인지와 행동에 미치는 영향을 주제로 논문까지 썼다. 내 연구는 인터넷을 중심으로 떠도는 괴담들, 자극제가 암이나 우울증 같은 심각한 건강 문제를 일으킨다는 식의 이야기에도 불구하고 그 안전성에 대해 나를 안심시켜 주었다. 이 주장들 가운데 그 어떤 것도 실증적으로 입증된 바는 없다.

그렇다고 아이에게 약을 쓸지 말지 결정하는 일이 쉬워지는 것은 아니다. 이 선택은 부모에게 날카로운 탐정 같은 태도를 요구한다. ADHD 진단을 받게 되는 경로는 매우 다양하며, 가장 흔한 원인은 가족력, 즉 유전자이지만 환경에서 관리할 수 있는 요소도 여전히 많다. 식단이나 운동만으로도 증상이 완화되어 때로는 약이 필요하지 않을 정도가 되기도 한다.

이상적으로 말하자면, 비용과 시간이 상당히 들기는 하지만 아이에게 약을 투여하기 전에 다른 문제들을 먼저 배제하는 과정을 거쳐야 한다. 약물은 증상을 가려 실제로 문제가 해결되지 않았는데도 마치 사라진 것처럼 보이게 만들 수 있다. 아이에게 실질적인 학습 또는 행동상의 어려움이 있다고 확신하게 되면 치료법을 알아보는 과정에서 현명한 소비자가 되어야 한다. 특히 뇌 스캔이나 자석 매트리스, 값비싼 온갖 장치의 도움으로 아이의 '장애'를 '완치'할 수 있다고 말하는 사기꾼들을 조심해야 한다. 그에 못지않게 다른 전략을 충분히 검토하기도 전에 자극제를 쓰자고 권하는 소아과 의사 역시 경계해야 한다.

웨버 주립대학교에서 나는 자극제의 위험과 이점에 대해 내가 아는 바를 따져 보았고 그 결과 득이 실보다 크다는 판단에 이르렀다. 자가 관찰과 연구를 통해 알게 된 바로는 자극제는 나 같은 사람들에게 공통적으로 나타나는 아주 분명한 한 가지 문제에 특히 유용하다. 바로 내적 동기가 충분하지 않을 때 과제를 끝내기 위해 집중하는 데 훨씬 많은 노력이 필요하다는 점이다.

웨버에서 첫해 중반쯤 되었을 때, 나는 남들이 하룻밤이면 끝낼 평범한 숙제를 왜 사나흘 밤에 걸쳐 붙잡고 있는지 알 수 있었다. 순전히 엉덩이를 의자에 붙이고 앉아 있는 능력이 떨어졌기 때문이다. 조금만 지루해지면 게임을 하거나 오스틴에게 책을 읽어 주거나 더 매력적인 수많은 일들로 쉽게 빠졌다. 그래서 처음에는 자극제를 과제를 끝낸다는 목적을 위한 단순한 도구로 바라보았다. 그 과정에서 더 나은 공부 습관을 들였고, 시간이 지나면서 그런 습관들이 점점 더 자연스럽게 느껴지기 시작했다.

나는 지금도 리탈린을 복용한다. 솔직히 여전히 복잡한 감정이 남아 있다. 대다수의 사람처럼 나 역시 스스로 상황을 통제하고 있다고 믿고 싶고, 약에 기댄다는 사실이 달갑지 않다. 하지만 한편으로는 자극제를 새로운 시각에서 보게 되었다. 특정한 뇌에 맞게 환경을 관리하도록 활용하는 도구라고 여기게 된 것이다. 비록 중요한 도구이긴 하지만, 결국은 하나의 도구일 뿐이다.

성취의 선순환

웨버 주립대학교 2학년에 접어들 무렵 내 삶은 훨씬 버거워졌다. 1996년 둘째 네이선이 태어났기 때문이다. 케일린은 두 아이를 돌보느라 하루 종일 바빴고 형편은 그 어느 때보다 빠듯했다.

나는 캠퍼스 밖에서 일하는 시간을 줄이고 학자금 대출을 신청해 공부에 더 많은 시간을 쓰기로 했다. 대신 주당 약 10시간은 조교로 일했다. 계획은 효과가 있었다. 나는 전 과목 A를 받는 학생이 되었고 이제는 본교 캠퍼스에서 모든 수업을 들을 수 있게 되었다. 그리고 2년 뒤 평점 3.97로 졸업했다. 성적 덕분에 등록금과 교재비를 충당할 수 있는 성적 우수 장학금도 받았다.

이 무렵에는 모든 수업에서 교수들이 나를 우수한 학생으로 바라보았고 나 역시 그에 걸맞게 행동했다. 여전히 가끔 수업 중에 불쑥 말을 내뱉기는 했지만 신기하게도 이곳에서는 더 이상 귀찮은 광대가 아니라 아이디어가 풍부한 똑똑하고 창의적인 사람으로 인식되었다. 지금 생각해도 웃음이 나온다. 초등학교 시절 나를 그렇게 곤란하게 만들던 행동 중 일부가 대학에서는 교수들에게 탁월함의 증거로 보였다는 사실이 말이다. 어떤 때는 내 재치가 수업에 활력을 준다는 말을 듣기도 했다. 환경이 얼마나 중요한지를 보여 주는 좋은 사례라고 생각한다.[7]

나는 학생회에 출마해 당선되었으며 웨버 주립대학교의 우등 프로그램honors program에도 나를 받아달라고 설득하는 데 성공했다. 덕분에 캠퍼스 내의 별도 건물에서 고급 과목들을 수강할 수 있게 되었다. 그들은 나를 받아 주었을 뿐 아니라 졸업할 때 올해의 우등생으로 선정해 주기까지 했다.

이런 성취도 기뻤지만, 그해 나에게 훨씬 큰 의미였던 것은 빌 맥보Bill McVaugh라는 교수의 놀라운 공감과 배려였다. 그는 학업성적뿐 아니라 내가 성적을 유지하며 가족을 부양하느라 얼마나 버거워하는지도 알아주었다. 아무 말도 하지 않은 채 학교에서 강의를 하나 더 맡아 그 강의료로 연구비를 마련했고, 그 돈으로 나를 연구 조교로 고용해 주었다. 그 이타적인 선택 덕분에 나는 낮에 하던 일을 그만두고 공부에 더 집중할 수 있었다.

성공은 또 다른 성공을 불러 왔고, 그 한가운데에서 나는 고등학생 시절의 나라면 믿지 않았을 사실을 깨달았다. 나는 배우는 일이 너무 즐거웠다. 이 깨달음은 미래에 대한 야망을 점점 더 키워 주었다. 나는 대학원에 진학해 공부를 이어 나가고 싶었고 무엇을 공부할지도 분명히 알고 있었다. 바로 학습 그 자체의 과학, 그리고 사람들이 성취에 이르는 일을 무엇이 더 쉽게 만들고 무엇이 더 어렵게 만드는지에 관한 것이었다. 지금까지 수업에서 배운 어떤 내용도 개인적인 경험과는 제대로 맞닿아 있지 않았다. 나는 나와 같은 학생들에게 학교가 덜 고통스러운 곳이 되도록 도울 수 있는 것들을 많이 밝혀낼 수 있을 것이라 확신했다.

우리 가족 중 누구도 학사 학위 이상을 받은 적이 없었기에 나는 조언해 줄 사람을 찾아야 했다. 그래서 웨버 주립대학교의 여러 교수들을 찾아가 내가 무엇을 하면 좋을지 의견을 구했다. 그 끝에 나는 무려 열세 개의 학교에 지원하기로 결심했다. 지원비를 고려하면 쉬운 결정은 아니었다. 그중에 하버드가 있었다.

웨버 주립대학교에서 만난 멘토이자 지도 교수였던 심리학과 학과장 에릭 암셀Eric Amsel이 격려해 주지 않았다면 애초에 이렇게 가능성이 낮은 목표는 꿈도 꾸지 않았을 것이다. 암셀 교수는 하버드 대학교의 커트 피셔 교수와 친분이 있었는데, 그는 당시 하버드 최초의 학제 간 프로그램인 마음·뇌·교육 연구소 수장으로 막 부임한 참이었다. 피셔 교수는 생물학과 인지과학을 교육에 적용하려는 새로운 흐름의 선구자로 잘 알려져 있었다.

나는 그의 연구를 찾아보았고 그의 관점과 목표가 내 생각과 놀랄 만큼 겹친다는 사실에 흥분했다. 그리고 나중에 안 사실이지만 우리는 블루칼라 가정에서 자랐다는 또 하나의 공통점이 있었다. 독일 이민자의 아들이었던 피셔의 아버지는 세일즈맨이었고, 트럭 운전사였으며, 자판기 수리공이기도 했다. 피셔는 집안에서 처음으로 대학에 진학한 인물이었다. 다만 나와 달리 피셔는 고등학교에서 긍정적인 경험을 했다. 그는 수준 높은 사립학교로 진학할 수 있는 장학금을 받는 행운을 얻었고 덕분에 학교생활이 잘 맞았다고 한다. 하지만 일반적인 공립 교육에 대해서는 피셔와 나 모두 개혁이 필요하다는 문제의식을 공유하고 있었다.

그와 함께 일할 수 있다는 건 꿈같은 일이었다. 박사과정에서는 여러 학문 분야를 넘나들며 연구할 수 있는 보기 드문 자율성과 자유가 주어질 예정이었기 때문이다. 하지만 지원비 120달러를 쓰는 게 케일린과 아이들에게 과연 공정한 일일까 고민되었다. 우리는 이미 라면을 지나치게 먹고 있는 형편이었으니까.

나는 지원서를 작성해 두었지만 한 달쯤 뒤 부모님 댁 부엌 식탁에 케일린과 앉아 있다가 그 돈을 쓸 가치가 없다고 판단하고 지원서를 쓰레기통에 버렸다. "미시간 주립대학교가 훨씬 가능성 있어." 나는 가족들에게 그렇게 말했다. 케일린은 고개를 저으며 쓰레기통에서 지원서를 꺼내 먼지를 털었다. "떨어지는 건 아무 문제도 아니야. 하지만 시도조차 안 하면 평생 '했으면 어땠을까' 궁금해하며 살게 될 거야." 그녀는 이렇게 말했다.

몇 주 뒤 미시간 주립대학교에서 얇은 봉투 하나가 도착했다. 불합격 통지서가 들어 있었다. 그로부터 며칠 뒤 하버드 대학교에서 두툼한 봉투가 도착했다.

내 합격 소식은 과거의 학업 실패에 대한 동화 같은 결말이었고 유타 주 10시 뉴스에까지 보도되었다. 신문 1면에도 나왔다. 내 옷깃을 정리해 주는 케일린과 그런 우리를 바라보는 어머니의 모습을 담은 사진도 실렸다. 케일린과 나는 굳은 표정이었지만 화사한 꽃무늬 원피스를 입은 어머니는 황홀한 듯 고개를 뒤로 젖힌 모습이었다. 사진 아래에는 이렇게 적혀 있었다.

"토드 로즈의 어머니는 아들이 언젠가 반드시 성공할 것을 알고 있었다고 말한다."

- 아버지가 가르쳐 주었듯 사람은 누구나 실수를 한다. 중요한 것은 그 뒤에 무엇을 하느냐다. 나는 이것이 부모로서 자녀에게 가르칠 수 있는 가장 중요한 교훈 가운데 하나라고 믿는다.
- 자신에게 연민을 느끼는 것은 건강하게 자신을 개선하기 위한 전제 조건이다. 다만 그것이 잘못된 행동에 대해 스스로를 면책해 주는 것과는 다르다는 점을 잊지 말아야 한다.
- 회복탄력성은 타고나는 것이 아니라, 자신을 믿어 주고 지지해 주는 사람들과의 긍정적 피드백 루프를 통해 형성된다.

☐ 자신만의 노트를 쓰며 자기 인식 능력과 자기 연민을 기르도록 하라. 판단 착오나 실수를 기록해 두었다가 나중에 돌아보며 성찰하기 위해서다. 원한다면 그 과정에서 얻은 통찰을 아이와 나누어도 좋다. 핵심은 아이를 이해하려고 하기 전에 자신을 먼저 이해하는 일이 중요하다는 것이다.

☐ ADHD 치료 시 자극제에 대해서는 신중한 태도를 취하라. 부작용은 결코 가볍지 않으며 약이 만능 해결책도 아니다. 그렇다고 무조건 배제하라는 뜻은 아니다. 특정 조건에서는 충동성과 산만함을 '관리'하는 도구로 유용할 수 있다.

☐ 아이가 삶의 여러 단계에서 멘토를 찾고 만날 수 있도록 가르치고 도와라. 모든 아이에게는 가족 밖에서 방향을 잡아 주는 어른들이 필요하다.

8장

멋지게 실패하는 법

"시도해 보았는가. 실패해 보았는가. 상관없다.
다시 시도하라. 다시 실패하라.
더 나은 실패를 하라."

_ 사뮈엘 베케트

예고 없는 재앙

'스퀘어 펙'의 삶은 본성상 좀처럼 안정적이지 않다. 예측 가능성은 우리의 강점이 아니다. 평온함은 오히려 우리를 불안하게 만든다. 상황이 잘 풀리면 어김없이 그것을 스스로 뒤집어 놓곤 한다. 그렇다고 해도, 하버드에 합격했다는 기쁨을 맛본 지 얼마 지나지 않은 2000년 가을, 말 그대로 우리 가족을 덮친 그 재앙은 내가 불러들인 것이 아니다. 이 사고를 기점으로 삶에서 가장 힘든 해가 시작되었다. 선택권이 있다면 기꺼이 피하고 싶은 순간이지만, 결과적으로는 다시 일어서는 법을 배우는 값진 시기였다.

하버드가 있는 매사추세츠 캐임브리지에 도착한 지 불과 며칠이 지났을 때였다. 나는 미니밴을 몰고 차가 붐비는 교차로에 진입했다. 조수석에는 케일린이, 뒷좌석 카시트에는 어린 오스틴과 네이선이 타고 있었다. 그런데 좌회전을 하는 순간 맞은편에서 트럭이 신호를 무시하고 돌진해 우리 차를 들이받았다. 우리는 미끄러져 한 바퀴 빙글 돌았다. 영화에서 보던 것처럼 모든 일이 슬로모션으로, 완전한 정적 속에서 벌어진 것처럼 느껴졌다.

밴이 멈추자마자 케일린과 나는 차에서 뛰쳐나왔고, 케일린은 곧바로 뒷문을 열어 아이들을 살폈다. 여섯 살이던 오스틴은 혼자 힘으로 차에서 내렸지만 네 살 생일을 두 달 앞둔 네이선은 카시트에 앉아 케일린을 향해 두 팔을 뻗었다. 케일린은 그를 안아 올렸고 네이선은 목에 팔을 감은 채 두 시간 동안 안겨 있었다.

우리는 비틀거리며 인도로 나와 주저앉았다. 지나가던 행인들이 다가와 괜찮은지 물었다. 경찰과 구급대원들이 도착했지만, 우리 상태를 간단히 확인한 뒤 차에서 나오지 못한 채 심각한 부상을 입은 듯 보이는 트럭 운전자에게 향했다. 경찰이 떠나도 좋다고 말할 때까지 우리 네 사람은 말없이 앉아 있었다. 네이선은 여전히 케일린의 품에 얼굴을 파묻은 채였다. 케일린의 부모님이 빌려준 밴은 폐차 판정을 받았다. 우리는 경찰차를 타고 집으로 돌아왔다.

아파트에 돌아와 우리는 다시 한번 아이들을 확인했다. 팔이 긁혀 피가 나고 있던 오스틴은 괜찮다고 했지만, 케일린이 네이선을 내려놓자마자 그는 마치 칼에 찔린 것처럼 비명을 질렀다. 아이는 자신의 허벅지를 가리켰다. 곧 알게 되었지만 네이선의 오른쪽 대퇴골이 골절된 상태였다. 우리는 그날 저녁 처음 알게 된 옆집 대학원생의 차를 얻어 타고 응급실로 향했다. 네이선은 수술을 받아야 했고 우리는 병원에서 하룻밤을 보냈다.

이후 두 달 동안 불쌍한 네이선은 거의 온몸에 깁스를 하고 지내야 했다. 고관절을 고정하기 위해 가슴에서 오른쪽 발끝까지 깁스를 했고, 왼쪽 다리도 무릎까지 감쌌다. 깁스를 푼 뒤에도 한 달 동안 물리치료를 받으며 다시 걷는 법을 배워야 했다.

의료비는 2만 달러에 달했다. 상황을 더욱 악화시킨 것은 우리가 돈을 모두 긁어 모아 유타를 떠나왔다는 사실이었다. 통장 잔고는 바닥이었고, 첫 번째 학자금 대출이 나오기까지 쓸 수 있는 현금은 채 100달러도 되지 않았다. 메사추세츠의 자동차 보험 규정에 따라 손실을 보전받으려면 트럭 운전사를 고소해야 했다. 소송은 3년 동안 이어졌고 그 사이 나는 통장 잔고와 아슬아슬한 줄타기를 하는 데 익숙해졌다.

박사 학위를 받기까지 7년 동안, 나는 학자금 대출을 최대로 받고 강의 조교로 추가 수입을 벌어 겨우 버텼다. 일주일에 많게는 다섯 과목을 맡았으며 다섯 시간 이상 잔 적이 거의 없었다. 그럼에도 청구서 금액을 제때 낼 수 있었던 달은 한 번도 없었다.

우리는 쓰레기 분리수거장이 내려다보이는 작고 소박한 아파트로 이사했다. 여름 내내 악취로 고생했지만 이웃이 버리는 물건을 가장 먼저 집어 올 수 있다는 이점을 누렸다. 침대부터 식탁까지 우리 집 가구는 전부 이사 가는 사람들이 물려준 것이었다. 때로는 직접 건네받기도 했지만 대부분은 누군가 쓰레기장에 내놓으면 우리가 달려가 낚아채 오는 식이었다.

그 모든 세월 케일린은 아이들을 자동차로 실어 나르고, 아이들의 일정과 숙제, 운동을 도맡아 관리했다. 보수도 없고 고맙다는 말도 잘 듣지 못하는 일상의 반복적인 일들을 포함해 가정 운영에 대한 전적인 책임을 그녀가 짊어졌다. 어린이집에서 일을 시작한 뒤에도, 학교로 돌아가 하버드에서 인간발달학 석사 학위를 따기까지도 변함없이 그랬다. 케일린과 나는 이러한 역할 분담에 대해 이야기하거나 협상한 적이 없었다. 아마도 각자의 성장 배경에 영향을 받아 부모들이 해 온 역할을 자연스럽게 한 것 같다.

대학에 등록하는 데 결정적인 역할을 하고 나보다 훨씬 조직적인 사람인 케일린이 나까지 보살폈을 거라 짐작할 수도 있겠다. 하지만 이 시점에 이르러서는 그녀에게 그럴 여유가 없었다. 어린 자녀를 둔 수많은 부모가 그렇듯 우리 둘은 직장에 제시간에 나가는 것만으로도 벅찼다. 케일린의 역량이 완전히 소진된 상황에서 나는 혼자서 가라앉든지, 헤엄치든지 해야 했다. 적어도 처음 몇 년 동안은, 말하자면 나는 개헤엄을 치고 있었던 셈이다.

하버드 첫 성적은 낙제점

사고 직후 몇 주 동안은 근심 속에서 생활비를 아끼기 위해 이발소에도 가지 않았다. 문제는 머리를 혼자 깎으려다가 우스꽝스러운 모습이 되어 버렸다는 것이다. 결국 머리 대부분을 밀었다. 신입생 오리엔테이션에도 그 모습으로 참석했다. 내가 위축된 이유는 그것 때문만이 아니었다. 파란색과 회색 벽, 높이 치솟은 천장, 유리 샹들리에, 윤이 나는 참나무 테이블이 놓인 방에서 우리는 등받이가 높고 우아하지만 불편한 나무 의자에 앉아 있었다.

자기소개 시간, 내 앞의 학생이 10분이 넘도록 말을 이어 갔다. 명문 사립학교에서의 학창 시절, 예일 대학교 학부 졸업, 유럽에서 1년간의 자기 발견에 대한 이야기였다. 그 이야기를 듣고 너무 위축된 나머지 나는 내 순서에 다짜고짜 이렇게 말했다. "이 머리는 평소 제 스타일이 아닙니다!" 그 뒤 동기들이 나를 바라보는 시선이 점점 더 나빠졌을 게 분명했다.

특히 교수님이 나눠 주던 자료를 어쩌다 놓치고 나는 이렇게 말했다. "강의계획서 '실러버시스'를 받지 못했는데 하나 주시겠어요?" 그러자 여기저기서 킥킥대는 웃음이 터져 나왔고 그 예일 대학교 출신 학생이 곧바로 받아쳤다. "'실러버시스(영어식 복수형)'가 아니라 '실러바이(라틴어식 복수형)'겠죠?"[1]

그 난해한 복수형에 대해 내가 쓴 말도 맞았다는 사실은 아무 의미 없었다. 요점은 내가 아이비리그의 세계에서 벗어나 있었다는 것이었고 그 방에 있는 사람들이 모두 그 사실을 아는 것처럼 느껴졌다는 점이었다. 그 뒤 몇 달 동안 나는 그 끔찍했던 첫 만남을 잊으려 애썼다. 나는 스스로를 다독였다. 학문적 기량을 발휘해 동기들을 놀라게 하면 결국 마지막에는 웃게 될 거라고. 하지만 그 자신감은 첫 번째 과제의 성적을 받아드는 순간 사라졌다. 그것은 악명 높은 까다로운 교수 하워드 가드너Howard Gardner의 '인지 발달과 상징 발달' 수업 과제로, 제목은 "정보 처리와 중심 개념 구조"였다.

가드너 교수는 누구나 인정하는 심리학계의 스타다. 특히 그의 '다중지능' 이론은 매우 유명하다. 이는 심리학자와 교육자들이 전통적으로 정의해 온 지능 개념이 매우 협소하며, 그 결과 아이들이 똑똑해질 수 있는 다양한 방식들을 놓치고 있다는 주장이다. 다시 말해 숫자 계산을 손쉽게 해내는 아이가 음악적, 공간적, 대인관계적 재능을 지닌 다른 아이들보다 더 지능적이거나 성공할 가능성이 높다고 말할 수 없다는 것이다.

나는 몇 년 전부터 가드너의 연구에 깊은 흥미를 느껴 왔고, 웨버 주립대학교에서 그의 이론을 주제로 학기말 논문을 쓰기도 했다. 개강 첫날부터 준비되지 않은 학생들을 울릴 만큼 엄격하다는 소문을 들었지만 나는 꽤 유리하다고 생각했고 어쩌면 그의 수업에서 잘 해낼 수 있겠다고 여겼다.

하지만 첫 과제 성적은 C+였다. 하버드에서 C+는 낙제 점수와도 같았다. 처음에는 가드너의 조교가 실수했을 거라고 생각했다. 나는 A 학생이지 C 학생이 아니었다. 적어도 웨버 주립대학교에서 전 과목 A를 받았으니까. 하지만 곧 가드너 교수가 직접 휘갈겨 쓴 메모가 눈에 들어왔다. 지금도 그 문장을 한 글자도 잊지 않았다. "이 과제를 보면 대학원 과정을 끝마칠 만한 글쓰기 능력이 있는지 의심스럽군요."

나는 그 메모를 읽고, 읽고, 또 읽었다. 교차로에서 부서진 밴 옆에 서 있을 때처럼 갑자기 온몸이 얼어붙은 듯 아무 감각이 없어졌다. 말하자면 도피 상태였던 셈인데 수업이 끝나자마자 책을 움켜쥐고 다음 수업을 포기한 채 집으로 향했다.

캠퍼스 중심에서 아파트까지 걸어가는 데는 20분 정도 걸린다. 타는 듯 빨간 단풍잎을 단 유명한 느릅나무를 지나고, 한때 에머슨과 소로 같은 위인들이 머물렀던 수백 년 된 붉은 벽돌 기숙사 사이를 통과하며 걷는 동안 서서히 감각이 돌아왔다. 나는 결국 울음이 터졌다. 중학교 시절의 악몽이 현실이 된 순간이었다.

수많은 사람이 수년 동안 내게 말했다. 나는 똑똑하고 마음만 먹으면 대단한 일을 해낼 수 있는 아이라고. 그런데 지금 나는 최선을 다했는데도 실패했다. 어쩌면 애초에 똑똑한 사람이 아니었는지도 모른다.

다행히 아는 사람을 마주치지는 않았다. 캠퍼스에 아는 사람이 거의 없었으니 놀라운 일도 아니었다. 터놓고 이야기할 수 있는 사람은 사실상 케일린뿐이었는데, 그녀가 가족과 친구를 모두 두고 실패로 보이는 이 모험에 나를 따라왔다는 사실을 생각하면 차마 말할 수가 없었다. 지금 당장 유타로 돌아가는 첫 비행기를 타고 부모님께 의지해 처음부터 다시 시작하자고 말이다.

집 앞에 도착해 나무 벤치에 앉아 30분 정도 선택지를 곱씹었다. 완전히 좌절한 상태에서, 네이선의 부상을 핑계 삼아 자존심을 지킬 수 있겠다는 상상까지 했다. 온몸에 깁스를 한 어린 아들을 데리고 유타로 돌아간다면 오히려 가족을 위해 꿈을 포기한 책임감 있는 아버지처럼 보일 수 있지 않을까 싶었다. 어머니에게 할 말도 모두 준비한 나는 공중전화로 걸어가 집에 전화를 걸었다. 다행히도 아무도 전화를 받지 않았다. 나는 벤치로 돌아와 눈물을 닦고 다시 생각에 잠겼다.

바로 그때 몇 달 전 기억이 불현듯 떠올랐다. 대학원에 지원하던 시절 캘리포니아 대학교 버클리에서 면접을 봤을 때의 일이었다. 돌이켜보면 그 기억은 내가 아직 열어 보지 못한 선물이 제때 다시 내 손에 쥐어진 것과 같았다.

멋지게 실패하는 법

실패는 미래의 단서가 된다

캘리포니아로 떠난 그 여행은 여러모로 강렬한 경험이었다. 무엇보다 태어나 처음 비행기를 타 본 순간이었다. 하버드 오리엔테이션 때와 마찬가지로 나는 명문 박사과정 자리를 놓고 경쟁하던 열두 명 남짓한 졸업생들 사이에서 제대로 차려입지 못한 촌사람처럼 느껴졌다. 그나마 그때는 아직 머리 모양이 멀쩡했다는 점을 감안하더라도 말이다.

하루 종일 여러 교수를 만났고 그들은 우리의 성적, 목표, 관심사 그리고 왜 버클리를 선택했는지 등을 물었다. 나는 준비된 답이 있었지만 매번 나를 멈칫하게 하는 질문이 하나 있었다. 모두가 빠짐없이 이것을 물었던 것이다. 가장 큰 실패가 무엇이었는지, 그 실패로부터 무엇을 배웠는지를.

나는 당연히 교수들이 이 질문에 솔직하게 답하길 원한다고 믿지 않았다. 멍청함을 인정하는 바보들을 걸러내려는 장치라고 생각했다. 최선의 전략은 강점을 교묘하게 포장해 말하는 것일 터였다. "저는 너무 신중해서 탈입니다." "저는 공부를 지나치게 열심히 합니다." 이런 식으로 말이다.

그래서 첫 면접에서 이렇게 대답했지만 그 전략은 완전히 실패했다. 다음 면접에서는 전략을 바꿔 보이스카우트 활동에 끝까지 참여하지 못한 것을 고백했다. 시작한 일을 끝마치는 것이 얼마나 중요한지 배웠다는 그럴듯한 교훈을 덧붙이며 말이다. 하지만 이 전략 역시 반응이 없었다. 면접관의 눈빛이 점점 흐려졌다. 마지막 면접에서는 잃을 게 없다고 생각했다. "정말로 알고 싶다면 제 가장 큰 실패는 분명합니다. 저는 고등학교에서 낙제했어요." 이번에는 면접관이 몸을 앞으로 숙이며 미소 지었다. "흥미로운데요. 좀 더 들려주세요."

그날 저녁, 교수와의 모임 자리에서 나는 같은 교수님을 다시 마주쳤다. 잠시 단둘이 이야기할 기회가 생겨 솔직하게 물었다. 혹시 내가 유일하게 그 질문을 받은 사람이었는지, 내 고등학교 시절 어두운 이력을 알고 있었는지 말이다. 하지만 그건 순전히 내 피해망상이었다. 실제로는 실패에 대한 질문의 답이 미래의 성공을 예측하는 중요한 단서가 된다는 것을 모두 알고 있었다. 그녀는 이렇게 말했다. "학자로서 여러분은 모두 역경을 감당할 수 있어야 합니다. 성적만으로는 그걸 전혀 알 수 없어요. 우리가 알고 싶은 건 문제가 생겼을 때 어디서 잘못됐는지를 얼마나 인식했는지, 그걸 발판 삼아 어떻게 앞으로 나아갔는지입니다."

케임브리지의 초가을, 서늘한 땅거미 속에서 그 기억을 곱씹으며 앉아 있다 보니 몇 가지가 분명해졌다. 무엇보다도 유타로 돌아가는 비행기에 절대 타서는 안 되었다. 포기하는 일이 얼마나 아픈 선택이 될지 알았을 뿐 아니라 만약 언젠가 또 다른 면접에서 누군가 다시 실패를 묻는다면 어떻게 말할지 생각하게 되었다. 잠재력을 넘어서지 못했다는 것, 하버드에서 버틸 자질이 없었다는 것, 비판을 견디지 못했다는 것을 인정해야만 할까? 게다가 지난여름 언론에서 하버드에 합격했다고 그토록 요란을 떨었는데 그걸 어떻게 감당하며 살 수 있을까? 어머니는 또 어떻겠는가?

이렇게 스스로를 몰아붙이다 보니 골프를 치며 아버지에게 무수히 들었던 조언이 떠올랐다. 누구나 실수를 하며 특히 나와 같은 사람은 더 많은 실수를 하지만, 중요한 것은 그다음 무엇을 하느냐 하는 것이다. 가드너의 수업에 충분히 대비하지 못해 받은 그 형편없는 성적은 내가 계속 써 오던 검정색 노트에 기록할 만한 실수였다. 하지만 이제는 판돈이 더 커졌고 그만큼 더 크게 만회해야 했다. 나는 스스로에게 약속했다. 이후 어떤 상황이 닥쳐도 놀라거나 좌절하지 않고 그것을 교훈 삼아 더 발전하겠다고.

잘 실패하는 능력

버클리의 교수가 말했듯 잘 실패하는 능력, 다시 말해 역경 속에서도 침착함을 잃지 않고 실수를 통해 얻은 경험을 최대한 활용하는 능력이 다양한 분야에서 성공을 예측한다는 연구들이 실제로 존재한다. 실리콘밸리 기업가들이 자주 외우는 구호가 바로 "일찍, 자주 실패하라."이다. 한 번도 실패하지 않았다는 건 사실상 제대로 시도해 본 적 없다는 진실을 인정하는 말이기도 하다. 하워드 가드너 자신도 1998년 『비범성의 발견Extraordinary minds』에서 이런 현상에 대해 이야기한다. 높은 성취를 이룬 사람들은 "자신의 강점과 약점을 식별하는 특별한 재능, 자신의 삶에서 벌어진 사건들을 정확하게 분석하는 능력, 불가피하게 마주하는 좌절을 미래의 성공으로 전환하는 능력"을 공유한다고.

많은 사람이 실패가 학습의 일부일 뿐 아니라 장기적인 성공으로 이어질 수 있다는 사실을 직관적으로 이해하면서도, 왜 잘 실패하는 것에는 어려움을 겪는지 쉽게 와닿지 않는다. 그 이유 중 하나는 인간에게 널리 퍼진 부정의 습관 때문이다. 받아들이기 힘든 정보는 너무 고통스럽기 때문에 우리 뇌는 때로 그것을 인식하지 못하도록 아예 차단해 버린다.

물론 부정은 경우에 따라, 적어도 진화론적 측면에서는 유용한 사고 습관일 수 있다. 예를 들어 친구들의 십대 자녀들을 보고도 사람들이 여전히 아이를 낳기로 결정하는 상황 같은 경우가 그렇다. 하지만 대개의 경우 이 습관을 인식하고 불편하더라도 마음을 열고 받아들이는 태도를 계발하는 것이 훨씬 유용하다. 그렇지 않으면 유용한 것을 배울 수 있는 기회를 놓치고 만다.

우연에서 비롯된 위대한 발견에 대해서는 수많은 이야기가 전해진다. 페니실린에서 포스트잇, 아이스바에서 전자레인지에 이르기까지, 많은 것들이 전혀 다른 무언가를 찾는 과정에서 발명되었다. 이처럼 우연한 사건들에 사람들이 그토록 열광하는 이유는 예상치 못한 것을 받아들이는 일이 얼마나 어려운지 무의식적으로 알고 있기 때문이다.

1990년대 사회과학자 케빈 던바Kevin Dunbar가 면밀하게 관찰한 스탠퍼드 대학교의 생화학자 집단을 예로 들어 보자. 던바는 네 개의 생화학 실험실을 추적 관찰한 끝에 수집된 데이터의 50퍼센트 이상이 과학자들의 예상과 뚜렷하게 달랐다는 사실을 알아냈다. 연구자들이 프로젝트에 한 달씩 매달린 뒤 결과가 말이 되지 않는다는 이유로 데이터를 통째로 버리는 일도 쉽게 볼 수 있었다. 결과가 초기 가설에 부합하지 않을 때면 그들은 습관적으로 자신들이 실수를 했거나 잘못된 방법을 사용했을 거라고 의심했고 실험을 다시 해야 한다고 판단했다. 심지어 여러 차례 반복 실험에서 일관되게 나타나는 정보조차 거부하는 경우도 있었다.

던바는 이런 상황이 우려되었다. 이 뛰어난 과학자들이 페니실린이나 포스트잇으로 이어질 수 있는 어떤 유용한 정보를 바다에 내던지고 있는 걸까? 그가 보기에 과학의 문제는 실패한 실험의 수가 아니라 그 실패의 결과물을 무시하는 경향에 있었다.

그렇다면 미국에서 가장 명망 높은 기관에 속하는, 그것도 성공한 과학자들이 왜 이렇게 스스로를 해치는 행동을 보이는 걸까? 그 원인은 부분적으로 생물학적이다. 3장에서 살펴본 것처럼 이는 지각 능력이 사람마다 다르다는 사실에서 비롯된다. 지난 수십 년 동안 뇌과학자들은 정도의 차이는 있지만 사람은 감각을 통해 들어오는 정보를 선택적으로, 습관적으로 편집한다는 사실을 밝혀냈다. 우리는 대체로 이미 안다고 믿는 생각을 뒷받침해 주는 정보는 받아들이는 반면, 우리 믿음과 모순된 것처럼 보이는 정보는 종종 무시한다.

뇌 스캔을 연구하는 과학자들은 이 현상의 원인으로 전두엽 바로 뒤쪽에 위치한 배외측 전전두피질dorsolateral prefrontal cortex을 지목한다. 물론 어떤 뇌의 영역이 무엇을 '담당한다'고 단정하는 것은 지나친 단순화의 위험이 있으므로, 이 부위가 다른 뇌 영역과 함께 작동하며 반갑지 않은 현실을 억제하는 데 중요한 역할을 한다고 말하는 것이 정확하다.[2]

여기에 더해 상황을 악화시키는 것이 4장에서 이야기한 스트레스 호르몬 코르티솔이다. 코르티솔은 명료한 사고를 방해할 수 있다. 실수로부터 배우는 일은 고도의 정신적 과정을 요구한다. 경험을 차분하게 되돌아보고, 자신이 기대했던 바와 비교하며, 다른 가능성을 상상할 수 있어야 한다. 하지만 실수를 하면 코르티솔이 분비되고 단기 기억이 방해받으면서 이런 정신적 작업이 어려워진다. 특히 불안한 상태의 사람들에게는 더욱 그렇다.

그 결과 '나는 실패자야! 해고당할 거야! 우리 가족은 길거리에 나앉게 될 거야!' 같은 재앙적인 생각에 사로잡히거나, 책임을 회피하며 기존의 신념에 맞춰 상황을 설명해 주는 다른 이유로 시선을 돌리게 된다. 결국 실수에서 배우기 위해 정신 역량이 가장 필요한 순간에 오히려 그것을 잃을 위험이 커진다.

스탠퍼드 과학자들의 경우에도 이런 생리학적 요인과 강력한 문화적 영향이 결합했을 확률이 높다. 그들은 어릴 적부터 모범생이었을 것이다. 실패는 용납되지 않는다는 메시지를 가르치는 시스템 안에서 훈련받아 왔다는 뜻이기도 하다. 교육자들은 실수를 통해 배워야 한다고들 말하지만 현실에서 그것을 실천하고 있다고 보기는 어렵다. 오늘날 학생들을 가르치고 평가하는 방식은 오히려 정반대 메시지를 전한다. 학교 시스템을 통해 아이들이 배우는 교훈은 이것이다. 실패하는 사람에게는 타고난 결함이 있으며, 어떤 대가를 치르더라도 실패를 피해야 한다는 것.

이런 교육은 어떤 아이에게도 도움이 되지 않지만 특히 나 같은 아이에게는 정말 그렇다. 실수에 정면으로 맞서고 배우도록 가르치기보다는 실수를 감추라고 가르친다. 거짓말을 하거나 다른 사람에게 책임을 떠넘기게 될지라도 말이다. 이런 습관은 실수가 의미 있는 곳으로 이어질 기회를 아예 차단해 버린다.

리프레이밍의 마법

규정상 이름을 밝힐 수 없는 도시의 3학년 교실을 방문했을 때 이런 현실을 생생하게 목격했다. 동료 가브리엘 라폴트-슐리히트만과 함께 그녀가 설계에 참여해 새로 만든 학습 소프트웨어 프로그램의 시제품을 시험하기 위해 그곳에 갔다. 이 프로그램은 학생들이 과학 수업에서 반드시 작성해야 하는 노트를 기반으로 만든 것이었다. 이 디지털 노트에 대해서는 에필로그에서 더 자세히 이야기하겠지만, 기본적으로 다양한 학생이 과학을 공부할 수 있도록 돕는 하이테크 방식이다. 학습 내용을 여러 방식으로 제시하는 동시에 필기하기, 예측하기, 틀린 추측으로부터 배우기 같은 기술을 기를 수 있도록 지원한다.

교실에서 우리 연구자들은 칠판 앞에 서 있었고 교사와 보조교사가 우리를 소개하며 우리가 왜 그곳에 왔는지 설명했다. "과학자들은 실수를 좋아한단다! 그것이 바로 배우는 방법이거든. 과학자들은 가설이라고 하는 것을 검증하는데, 하나가 잘 안 될 때마다 다음 가설을 어떻게 개선할지 배우게 돼." 그녀는 아이들에게 물었다. "자, 실수를 저질러 본 적 있는 사람?" 학생들이 조심스레 하나둘 손을 들다가 이내 모두가 손을 들었다. "나도 그래. 실수하고 싶지 않지만 그래도 실수에서 배우려고 해." 그리고 이렇게 덧붙이며 정리했다. "우리 반에서도 과학자들처럼 해 보는 게 좋지 않을까?"

'완벽해.' 나는 교사에게 미소 지으며 그렇게 생각했다. 하지만 그 순간 교실 뒤쪽에서 움직임 하나가 시선을 끌었다. 나는 즉시 익숙한 기척을 알아봤다. 그 아이를 빌리라고 부르자. 마르고 흐트러진 모습의 빌리는 책상에 앉아 있었지만 가만히 있지 못했다. 신발을 발로 차 벗었다가 마우스를 빙글빙글 돌리기도 했다. 신발 밑창은 군데군데 닳아 있었는데, 딱 어릴 적 내 신발 같았다. 가만히 있지 못하는 문제라는 것을 보여 주는 신호였다.

역시나 실험을 시작한 지 5분쯤 지났을 때 빌리의 이리저리 떠다니던 손가락 하나가 새 소프트웨어 브라우저의 '뒤로 가기' 버튼을 눌렀고 예상치 못하게 시스템이 멈춰 버렸다. 곧 교실 안의 모두가 누구 잘못인지 알아차렸다. 빌리는 양말만 신은 발을 내려다보며 얼굴이 붉어졌고, 책상 밑으로 숨을 수 있는지 가늠하듯 몸을 움츠리는 동작을 반복했다. 학생들은 불평했고 교사와 보조 교사는 그를 쏘아보았다. 불쌍한 빌리가 수업을 방해한 일이 이번이 처음은 아니라는 뜻이었다.

동료와 나는 시선을 교환했다. 빌리가 우리에게 큰 도움을 줬다는 걸 알아차렸기 때문이다. 학교 방문이 헛되지 않았다는 걸 그 아이가 증명해 주고 있었다. 그때까지는 '뒤로 가기' 버튼이 문제가 된다고 전혀 인식하지 못했었다. 빌리가 문제를 알려 주지 않았다면 언젠가 다른 누군가가 알아냈을 것이고, 그때는 훨씬 큰 대가를 치렀을지도 모르는 일이었다.

다행히 우리는 이 점을 교사와 학생들에게 잘 설명할 수 있었고 그 말은 제대로 전달되었다. 빌리는 벌받지 않았고 이후 3주 동안 그 반은 시스템에서 다른 '버그'를 찾아내는 데 힘을 쏟았다.

그날의 교실 풍경이 보여 주듯 우리가 실수를 서툴게 다루는 이유는 분명하다. 많은 경우 실수란 육체적으로나 신경학적으로나 더 많은 노력을 해야 한다는 신호이기 때문이다. 긍정적인 눈으로 보자면 오류가 발생한 직후는 온갖 학습과 성장이 일어날 수 있는 절호의 지점이다.[3] 다만 그만큼 추가적인 에너지가 필요하다. 빌리의 실수 이후, 우리 연구팀은 그가 발견한 버그를 수정하는 데 시간을 쏟아야 했다. 마찬가지로 몇 년 전 가드너 교수에게서 받은 C+ 점수는, 내가 필요하다는 사실조차 몰랐던 보충 작업을 해내기 위해 수십 시간을 쏟게 만들었다.

이 모든 과정을 버틸 수 있게 해 준 것은 '리프레이밍**reframing**'

이라고 하는 자기 연민 전략이다. 리프레이밍은 자신이 당한 창피하고 고통스러운 역경에 대해 스스로 좀 더 긍정적인 방식으로 말하는 기술을 뜻한다.[4] 가드너가 남긴 평가를 내가 쓸모없는 실패자라는 뜻이 아니라 그저 약간의 훈련이 필요하다는 신호로 다시 해석해야 한다는 의미였다.

다행히도 나는 이미 웨버 주립대학교에서 저지른 실수를 통해 리프레이밍의 마법을 배운 적 있었다. 당시 나는 존경하는 멘토 빌 맥보 교수 아래에서 연구 조교로 일했다. 그는 나에게 데이터 뭉치를 건네며 '주성분 분석'이라는 통계 기법을 활용해 분석하라고 했다. 나는 주성분 분석이 무엇인지 전혀 알지 못했지만, 내가 잘하는 거라고 생각했다. 그렇지 않으면 그 일을 왜 내게 맡겼겠는가? 그런 생각으로 어떻게든 아는 척하며 일해 보려 했다. 결과를 본 맥보 교수는 나를 불러 이런 식으로 이야기했다. "자네가 이걸 할 수 없다는 걸 내가 미리 알아챘어야 하는데 말이야." 그 말은 나를 자극했고 나는 곧바로 변명하며 따졌다.

다행스럽게도 맥보 교수는 인내심 강하고 현명한 사람이었다. 그는 언쟁을 벌이는 대신 말을 멈추게 하더니, 언어는 언제나 불완전한 것이며 최악의 의미로 받아들이기보다는 여러 가능성에 열려 있는 태도가 중요하다고 설명했다. 그가 나에게 전하려는 말은 내가 똑똑하지 않다는 것이 아니라 웨버 주립대학교에는 그런 분석 방법을 가르치는 수업 자체가 없다는 것이었다.

이 원칙을 가드너 교수의 피드백에 적용하자 내가 할 일이 무엇인지 분명해졌다. 글쓰기 기술을 개선할 때가 온 것이다. 며칠 동안 하버드 웹사이트를 찾아본 끝에 학과마다 학생들을 위한 무료 글쓰기 수업을 운영하고 있다는 사실을 발견했다. 이는 글쓰기로 고민하는 학생이 나뿐만이 아니라는 점, 도움을 받을 수 있는 길이 언제나 손에 닿는 곳에 있다는 점을 분명히 보여 주었다. 필요한 건 자존심을 내려놓고 도움을 청하는 일뿐이었다.

나는 실제로 그렇게 했다. 학과에서 제공하는 글쓰기 수업 대신 익명성이 보장되는 학부생 대상 워크숍을 택하긴 했지만 말이다. 그곳의 지도자 역시 학부생이었는데, 뛰어난 글쓰기 실력과 가르치는 재능을 겸비한 사람이었다. 학기 내내 나는 매주 한 번씩 그녀와 만나 글쓰기에 대해 이야기했다. 초고를 보여 주고 비판을 더 단단하게 받아들이는 법을 배웠다. 그녀를 통해 글쓰기 자체가 곧 실수를 통해 배우는 과정이라는 것을 깨달았다. 처음부터 다듬어진 글을 써내는 작가는 거의 없다. 과학 실험과 마찬가지로, 좋은 글은 대개 수많은 시행착오의 산물이다.

첫 과제에서 비참한 점수를 받은 가드너 교수의 수업에서 결국 나는 A를 받았다. 그 보상 하나만으로도 실패를 대하는 이 접근법이 고통스럽긴 해도 유용하다는 사실을 확신하기에 충분했다.

나를 잘 알면 단점도 장점이 된다

고등학교를 중퇴했다가 다시 일어선 뒤 나는 종종 '회복탄력성이 강한 사람'이라는 말을 들어 왔다. 칭찬이겠지만 솔직히 아이들에게 붙이는 다른 꼬리표만큼이나 이 말이 마음에 들지 않는다. 경마장에서 경기가 끝난 뒤 우승마를 골라내는 것과 비슷하게 느껴지기 때문이다.

회복탄력성은 흔히 암시되듯 타고나는 성질이 아니다. 살아가며 획득하는 것에 가깝다. 그것이 내가 지금의 자리에 오게 된 요인은 아니었다. 다양한 경험이 쌓이며 스스로를 깊이 이해하게 되었고 결정적인 순간마다 주변 사람의 지지를 받으며 점점 회복탄력성이 있는 사람이 되어 갔을 뿐이다.

예컨대 케임브리지에 도착했을 때 나는 내 개인차 중 하나가 충동성이라는 걸 이미 인식하고 있었다. 즉 나는 스트레스를 받거나 감정이 격해진 상황에서 나중에 후회할 말이나 행동을 할 확률이 다른 사람보다 크다는 뜻이다.

하지만 충동성에도 장점이 있다고 믿기에 그것을 고치려 하기보다 관리하려고 했다. 장점은 최대한 살리고 순간의 어리석은 말과 행동이 나나 다른 사람에게 돌이킬 수 없는 해를 끼칠 가능성은 최소화하는 쪽을 택한 것이다. 환경이 핵심이라는 사실을 기억

함으로써 나는 언제 어떤 상황에서 무슨 일이 생길 가능성이 높은지를 예측하고 그에 대비하려 한다. 스스로에게 짧은 주의 환기를 하는 정도일지라도 말이다.

이를테면 퇴근길 하버드 광장의 보리수나무 아래 '하베스트'라는 우아한 레스토랑 유리창 앞을 지날 때마다 자기 점검을 한다. 안쪽에 보이는 번듯한 정장 차림의 사람들, 접시에 올라온 랍스터 요리, 흑갈색 벽, 손님들이 춥지 않도록 설치한 야외 난방기까지, 이 모든 요소가 어김없이 내 안의 말썽꾸러기를 깨우기 때문이다. 나는 안에서 식사를 즐기는 부자들을 깜짝 놀라게 하려고 유리창을 쾅쾅 두드리고 싶은 충동을 겨우 참고 있을 뿐이다.

이 유치한 충동을 수년 동안, 정상적인 사람이라면 필요 이상이라고 느낄 만큼 반복해서 분석해 왔다. 이런 본능이 왜 이렇게까지 강렬한지 자문하고, 만약 그것에 굴복한다면 내가 얼마나 바보처럼 보일지 스스로에게 경고하면서 말이다. 나도 하버드 교수들이 보통 레스토랑 유리창을 두드리지는 않는다는 걸 안다.

지금까지는 이러한 '성숙한 숙고' 덕분에 마음이 시키는 대로 행동하지 않고 넘어올 수 있었다. 그럼에도 기분이 너무 나쁜 날이나 유난히 피곤한 날에는 일부러 다른 길로 돌아서 집으로 향하곤 한다.

비슷한 계산이지만 좀 더 어른스러운 판단으로 나는 SNS에

쓰는 시간도 조심하게 된다. 물론 이런 도구들을 좋아하고 가족, 친구들과 더 많은 시간을 교류하며 보내고 싶다. 하지만 동시에 이런 공간이 나 같은 사람에게 위험하다는 것도 잘 안다. 문제는 시간 낭비가 아니라 아무 생각 없이 던진 말을 지워 줄 삭제 버튼이 없다는 점이다. 그 말은 내내 나를 따라다닐 수도 있다.

현실 세계에서도 비슷한 방식으로 스스로를 훈련시켜 왔다. 문제가 생길 조짐이 보이면 일찍 알아차리고, 가족과 친구, 동료와의 관계에서 분노하거나 무시당한다고 느껴지는 상황에서는 자리를 벗어나려 한다. 합리적으로 생각할 수 있는 시간이 필요하기 때문이다. 관계나 일에서 실수할 때도 가능하면 이런 원칙을 지키려 한다. 잘하는 편은 아니지만 꾸준히 노력하고 있다.

결국 중요한 건 분노나 슬픔, 수치심, 자기 비난, 두려움 같은 감정을 완전히 없앤 게 아니라는 점이다. 멍청한 행동을 하면 이런 감정들은 어김없이 찾아온다. 멍청한 일을 멈추었다고도 할 수 없다. 사실 그런 감정들이 때로 도움이 되기도 하니 꼭 없어져야 한다고 생각하지도 않는다.

다만 달라진 점이 있다면 그런 감정이 올라올 때 대처할 준비가 되어 있다는 것, 한 번의 행동이나 실수가 나라는 사람 전체를 규정하지 않는다는 사실을 스스로에게 상기시킬 수 있게 되었다는 것이다.

나를 운용할 전략과 도구들

이런 노력은 내가 문제에 휘말리는 걸 막아 주는 데 그치지 않고 나의 특별한 강점과 약점이 무엇인지, 그것들이 서로 다른 환경에서 어떻게 작동하는지를 인식하게 해 주었다. 그 덕에 정보가 쏟아지는 상황에 더 효과적으로 대응할 수 있었고 결과적으로 더 체계적이고 생산적인 사람이 될 수 있었다.

앞에서 내가 작업 기억이 크게 떨어진다고 이야기한 것을 기억하는가? 웨버 주립대학교에서 살아남기 위해서, 또 하버드에서 버티기 위해서 나는 그 약점을 보완해 줄 시스템을 만들어야 한다는 걸 깨달았다. 믿기 힘들겠지만 나는 몇 년 동안은 중요한 일을 손등에 적어 다녔다.

2006년 어느 날, 존경하는 통계학 교수님과 엘리베이터를 함께 타게 되었는데 내가 '조직 관리용 문신'이라 부르던 손등의 글씨를 보고는 그녀가 웃으며 물었다. "토드, 몇 살이에요?"

그날 이후 나는 자기 관리 전략을 좀 더 정교하게 다듬기로 마음먹었다. 마침 그 시기 작업 기억을 주제로 연구를 진행하고 박사 논문을 쓰고 있었다. 그 과정에서 어떤 종류의 시스템이 내게 맞을지 탐구할 수 있었고, 나아가 방금 들은 말조차 잘 기억하지 못해 곤란을 겪는 나와 비슷한 수백만 사람들에게 도움이 되는 방식들을 탐구할 수 있었다.

　　내가 터득한 가장 중요한 사실은 새로운 정보가 생겼을 때 그것을 즉각적으로 포착할 수 있어야 한다는 점이다. 그렇지 않으면 그 정보는 의식의 어딘가 애매한 구석에 떠다니게 되고, 나는 "내가 도대체 뭘 하려고 했더라?" 하며 기억해 내려 애쓰다가 불안해진다. 이 현상은 매우 흔해서 인지과학자들은 이를 가리키는 용어도 만들었다. 바로 '열린 루프'다. 뭔가 마무리되지 않은 채 남아 있어 계속 신경을 긁는 상태를 뜻한다.

　　이런 고리를 닫고 걱정으로부터 집중력을 지키기 위해 나는 휴대전화와 노트북, 집에 있는 데스크톱을 모두 연동해 두었다. 어디에서나 메모를 남기면 즉시 세 기기 모두에서 확인할 수 있도록 말이다. 이 단순한 습관 덕분에 안심하고 다음 과제로 넘어갈 수 있었다.

　　또 하나 배운 점은 기술이 만들어 내는 위험으로부터 나 자신을 지키기 위해서라도 기술을 활용해야 한다는 것이다. 나는 새로운 것에 대한 애착이 유난히 강해서 마감이 코앞이어도 구글을 타고 끝없는 정보 탐색 여행을 떠날 위험이 있다는 걸 깨달았다. 그래서 설정을 통해 인터넷 검색을 15분 이상 하면 경고 표시가 뜨도록 해 두었다. 경고를 무시할 때도, 따를 때도 있지만 계속 인터넷을 볼지, 일로 돌아갈지 선택할 수 있는 기회가 있다는 점이 마음에 든다. 더 강력한 도움이 필요한 사람을 위해서는 일정 시간 인터넷 접속 자체를 차단해 버리는 프로그램들도 있다.

임무와 프로젝트에서 벗어나지 않기 위해 나는 내가 가장 좋아하는 책인 『쏟아지는 일 완벽하게 해내는 법Getting It Done』에서 얻은 통찰을 기반으로 한 조직 관리 시스템에 의존하고 있다. 이 책은 생산성 전문가 데이비드 앨런David Allen이 쓴 것이다. 나는 프로젝트와 할 일을 정리하고 마감이 다가오면 알려 주는 프로그램의 도움을 받는다. 이런 시스템의 큰 장점은 거대한 프로젝트를 훨씬 덜 부담스러운 작은 과업들로 쪼개는 법을 가르쳐 준다는 것이다. 나는 매일 아침 15분씩 할애하여 시스템이 제대로 굴러가고 있는지 점검하도록 스스로를 훈련시켰고, 보통 일요일에는 한 시간씩 들여 전체 계획을 업데이트한다.

이렇게 하면서 나는 각종 요구 사항을 외부로 옮기고 반복적이고 사소한 일들을 자동화해 관리 가능한 수준으로 만들었다. 그 결과 작업 기억을 보다 의미 있는 일에 쓸 수 있게 되었다. 효과는 단순히 생산성이 높아진 데서 그치지 않았다. 열린 루프를 관리할 수 있는 믿을 만한 시스템을 갖추고 나자 스트레스 수치도 크게 떨어졌고 밤에도 쉽게 잠들 수 있게 되었다. 주의를 끄는 대상이 폭발적으로 늘어난 이 시대에는 결국 작업 기억이 뛰어난 사람들조차도 이와 같은 시스템에 의존하게 될 거라고 생각한다.

긍정적인 피드백 루프

이러한 전략과 도구가 더 많은 일을 할 수 있도록 나를 도운 뒤, 자신감은 점점 높아졌고 더 많은 성취를 이룰 수 있게 되었다. 2007년에는 하버드에서 박사 학위를 받았다. 졸업식 날 학위증 대신 학비로 6,500달러를 더 내야 한다는 안내문을 받았을 때도 애써 개의치 않으려 했다. 이 돈을 내고 나서야 비로소 학위증을 받았다. 나는 스미소니언 천체물리학 센터에서 연구원을 지냈고, 이후 하버드 대학교 교육대학원의 교수로도 일했다.

현재 나는 전 세계에서 모인 뛰어난 동료들과 함께 일한다. 한편으로는 어머니와 자주 이야기를 나눈다. 다섯 아이가 모두 어느 정도 각자의 삶을 꾸린 지금, 어머니는 그 어느 때보다도 자신의 활동적인 기질을 마음껏 펼치고 있다. 일주일에 3일 하는 간호사 일과 손주들을 돌보는 일 사이에서 해외여행을 계획하며 말이다.

어머니는 '오퍼레이션 스마일Operation Smile'과 함께 1년에 한두 번 의료 봉사도 다닌다. 이 단체는 형편이 어려운 아이들에게 재건 수술을 지원한다. 지금까지 어머니는 인도, 중국, 태국, 에콰도르, 필리핀을 여행했다.

"인생의 매 단계마다 즐기려고 노력했지만 솔직히 지금이 최고야." 어머니는 말한다. 내 성공을 자랑스러워하면서도, 십 대가

된 나의 두 아들이 모범적이라는 사실을 두고 종종 농담 섞인 투정을 하기도 한다. 세상은 불공평하다면서 말이다. (속사정을 알기나 하신다면!)

내 삶의 굴곡과, 부모님과 수많은 관대한 멘토들이 길러 준 지혜는 여전히 내 전문적인 작업의 토대가 된다. 내 연구는 복잡계 관점에서 배움을 다시 상상하는 데 초점을 맞춘다. 가끔 잠에서 깨면 다시 중학교 시절로 돌아가 권위에 도전하며 말썽 부리던 불쌍한 '스퀘어 펙'이 된 꿈을 꿨다는 걸 깨닫기도 한다. 그럴 때면 지금의 나는 재치 있는 강연가라는 점을 스스로 상기시켜야 한다. 이 대비를 떠올릴 때마다 나는 환경이 지닌 힘에 새삼 놀란다.

나는 여전히 같은 사람이기 때문이다.

- 메리엄-웹스터 온라인 사전에 따르면 실러바이syllabi와 실러버시스syllabuses 모두를 실러버스syllabus의 복수형으로 인정한다.

- '잘 실패하는 것', 즉 역경 속에서도 침착함을 유지하고 실수에서 무엇을 배울 수 있는지 인식하는 능력은 다양한 분야에서 성공할 수 있는 토대가 된다.

- 페니실린, 아이스바, 전자레인지, 순간접착제는 모두 우연히 발견되었다.

- 많은 과학 실험이 실패한다. 그러나 더 큰 위험은 그 실패들 속에 담긴 가치가 무시되는 것이다.

- 실수에서 배우기 위해서는 상당한 수준의 정신적 역량과 노력이 필요하다. 실패라는 감정적 경험은 뇌를 스트레스 호르몬으로 압도해 명확한 사고를 방해할 수 있다.

- 정보화 시대를 살아가는 우리는 모두 작업 기억을 확장해 주는 시스템이 필요하다.

☐ 인지 능력을 확장하고 정리된 상태와 생산성을 유지하도록 도와주는 자신만의 시스템을 만들어라. 이미 검증된 접근법으로 시작하길 권한다. 무엇이 효과가 있는지, 무엇이 효과가 없는지 가려내라. 아이들도 같은 방식을 따르도록 가르쳐라.

가능성의 시대

"오늘의 방식으로 아이들을 가르친다면,
우리는 아이들의 내일을 빼앗는 것이다."

_ 존 듀이

교육은 갈수록 개별화된다

몇 년 전 나는 새로운 디지털 프로그램 하나로 한 아이의 미래가 바뀌는 것을 목격했다. 두 동료와 공립학교 4학년 과학 교실을 방문했을 때의 일이다. 8장에서 이야기한 인터넷 기반 과학 노트를 현장에서 시험해 보기 위해 학교에 방문했다.[1] 교사는 우리를 소개한 뒤, 댄이라는 키가 크고 조용한 아이를 눈여겨보라고 했다. 난독증 진단을 받은 아이였다. 그는 모든 과목에서 어려움을 겪고 있었는데, 선생님은 그 아이가 과학자 기질이 다분하기에 더욱 안타깝다고 했다.

호기심 많고 상상력 풍부하고 끈기 있는 아이였지만, 글을 읽는 것과 생각을 정리하는 데서 오는 어려움 때문에 출발선에서 좀처럼 앞으로 나아가지 못하고 있었다. 이렇게 학교생활이 지속된다면 몇 년이나 견딜 수 있을지 상상하기 힘든 상황이었다. 게다가 학급에 '스퀘어 펙'은 댄뿐만이 아니었다. 평균을 기준으로 가르치는 수업 방식 속에서 뒤처질 위기에 처한 잠재적인 인재들이 더 있을지도 몰랐다.

우리가 개발한 기술은 댄은 물론 다른 학생들에게 중요한 방식으로 도움을 주었다. 무엇보다도 글을 음성으로 읽어 주는 기능이 내장되어 있어 헤드폰을 통해 들을 수 있었다. 또한 사진, 영상, 그래프 등 학습 자료를 다양한 형태로 접할 수 있었고, 이는 정보가 머리에 더 잘 들어오도록 도와주었다.

배운 것을 보여 주는 방식 역시 하나로 제한하지 않았다. 손 글씨 노트에만 의존하는 대신 타이핑을 하거나, 그림을 그리거나, 음성 녹음을 하거나, 이미지나 도표로 업로드할 수 있었다. 댄처럼 수줍음 많은 학생들이 이제는 이메일 프로그램을 통해 선생님과 직접 소통할 수 있게 되었다. 이는 즉각적인 피드백을 받을 수 있는 통로를 열었을 뿐 아니라 수업 시간마다 손을 들어야 하는 부담과 난처함으로부터 아이들을 해방시켜 주었다.

댄은 새로운 시스템에 빠르게 적응했고, 몇 주 지나자 선생님이 기쁜 얼굴로 말했다. "완전히 다른 아이가 된 것 같아요." 그 말은 사실이었다. 댄은 정말 과학에 타고난 소질이 있었고 마침내 그것을 입증할 수 있게 되었다. 새로운 성취를 쌓아 가며 자신감도 함께 자랐고, 곧 다른 학생의 질문거리를 받아 주는 해결사가 되었다.

댄과 그의 과학 노트 이야기는 아리스토텔레스가 말한 '방해받지 않는 탁월성'을 가장 잘 보여 주는 사례라고 생각한다.[2] 이는 기술을 기반으로 한 새로운 교육 방식이 도래하고 있음을 알리는 신호처럼 느껴진다. 또한 좌절을 겪는 수백만 명의 아이들, 부모들, 교사들의 삶을 크게 개선할 가능성을 품고 있다.

다만 꼭 기억해야 할 점이 있다. 댄의 교실 경험을 바꾼 것은 단순히 소프트웨어 하나만이 아니라, 학교에서나 가정에서 이러한 아이들을 바라보는 새로운 시선도 있었다는 사실이다. 즉 '스퀘어 펙'들이 품고 있는 숨은 보석 같은 가능성을 알아보려는 태도의 변화가 함께 있었던 것이다.

당신은 이미 내가 기존의 학교 제도와 배움 자체로부터의 소외를 간신히 벗어날 수 있었다는 걸 안다. 이제 내 목표는 오늘날 시작되는 여러 프로젝트를 보여 주는 것이다. 이것들이 비슷한 위험에 놓인 똑똑한 아이들에게 희망을 준다고 믿는다.

우리는 역사상 전례 없는 기회의 순간을 살고 있다. 이 기회는 두 가지 거대한 흐름이 맞물리며 생겨났는데, 하나는 기술 혁신이고 다른 하나는 경제적 필요성이다. 이 순간을 붙잡는다는 것은 우리가 오랫동안 당연하게 여겨 온 교육을 근본적으로 다시 생각하는 것을 의미한다. 그리하여 학교가 모든 학생에게 엄격함과 의미, 가능성이 공존하는 장소가 되도록 새로운 환경을 만들어 내야 한다. 물론 위험도 있다. 인간적 멘토들이 컴퓨터로 대체되고 학교가 공장처럼 변해 버리는 암울한 미래로 이어질 가능성 역시 배제할 수 없기 때문이다. 그 위험에 대해서도 곧 언급할 것이다. 하지만 지금은 댄과 그의 과학 노트 이야기로 돌아가 보자.

이 소프트웨어의 등장은 댄과 그의 친구들에게는 더없이 시의적절했다. 아이들 모두 정도의 차이는 있었지만, 각자의 고유한 강점과 약점을 쿠키 찍어 내듯 만들어진 교육 모델에 억지로 맞추려 애쓰고 있었기 때문이다. 우리가 방문한 교실은 이제 막 과학을 본격적으로 배우기 시작한 단계였다. 실험을 관찰하고, 데이터를 수집하고 분석하며, 결론을 도출하고, 보고서를 작성하는 과정 말이다. 이는 대부분의 학생에게 만만치 않은 고차원적 사고를 요구하는 작업이며, 이미 뒤처지고 있는 아이들에게는 아예 감당 불가능한 수준이 되곤 한다.

이 과학 노트는 학습의 다양성을 무시하는 기존의 교육 환경에서 학생들을 해방시켜 주는 야심 찬 기술의 예다. 나와 같은 학생들에게는 임무를 완수할 때마다 다음에 무엇을 해야 하는지 단계적으로 알려 줌으로써, 모든 단계를 기억해야 하는 부담으로 인해 압도당하지 않도록 해 준다. 결과를 글로 쓰고자 할 때도 첫 문장에는 어떤 내용이 포함되어야 하는지 팁을 주기도 한다. 정리하는 데 어려움을 겪는 아이들은 할 일 목록에 의지할 수 있고 이를 통해 핵심 기술을 연습하게 된다. 영어를 배우는 학생들은 낯선 단어를 클릭해 단어의 뜻을 바로 확인할 수 있다.

이후 동료들은 이 장치를 도시의 저소득층 학교에서 수백 명의 아이들을 대상으로 시험했고, 학업 성취도가 실제로 향상된다는 사실을 확인했다. 나와 마찬가지로 초등학교, 중학교 시절 내내 어려움을 겪었던 내 친구 팀 블레어가 이 기술을 배트맨의 비밀 무기에 비유한 것도 무리는 아니다. 바로 유틸리티 벨트다. 블레어는 말한다. "배트맨에게 초능력이 없다는 건 전혀 중요하지 않아요. 그 벨트만 있으면 되니까요." 나는 이 비유가 마음에 들면서도, 동시에 이 과학 노트를 좀 더 소박하게 여기곤 한다. 이미 아이들 안에 존재하는 '초능력'을 가로막고 있던 장애물을 밀어내는 불도저 같은 존재로 말이다.

그가 이런 이야기를 할 자격은 충분하다. 유치원 때 ADHD 진단을 받았고 고등학교 졸업반이 될 때까지 규율 문제와 사회적 어려움 때문에 다섯 번이나 학교를 옮겼다. 이후 샌프란시스코에 기반을 둔 '세이프 보이시스'라는 단체에 들어가 자신과 같은 아이들을 돕는 활동가가 되었다.

그가 기억하는 어린 시절 가운데 하나는 3학년 때 수학 풀이 과정을 보여 주지 않았다는 이유로 울면서 교장실에 끌려갔던 일이다. 그는 이렇게 회상한다. "선생님들은 내가 감옥에 가게 될 거라고 말했어요. 이 행동을 계속하면 간다는 게 아니라, 그냥 '가게 될 거'라고요." 블레어는 기술의 지원과 인간적인 이해가 더해졌다면 그런 고통을 일부 막을 수 있었을 거라고 말한다.

교육 개혁가들은 블레어에게 영감을 주고, 댄 안의 과학자를 끄집어낸 마법을 '개인화personalization'라고 부른다. 이는 디지털 기술의 힘을 활용하여 획일적인 커리큘럼을 다양한 학생들의 필요에 맞게 바꾸려는 시도를 뜻한다. 지금도 디지털 기술은 수천 개 학교에서 비슷한 기적이 일어나도록 길을 열고 있으며 오래 지체되어 온 혁명의 시동을 걸고 있다.

지루함을 참지 못하는 기질을 타고난 나는 빠른 속도를 좋아하지만, 이 문제만큼은 신중하게 앞으로 나아가야 한다. 경제적 필요성은 의미 있고 지속적인 변화를 만들어 내기 위해 어려운 작업을 밀어붙이는 강력한 동기가 될 수 있다. 동시에 비용 절감을 이유로 교육을 자동화하고 컴퓨터에는 투자하면서 교사를 해고하는 방식을 정당화하는 핑계가 되기도 한다. 이런 흐름은 자칫하면 교육사학자 다이앤 래비치Diane Ravitch의 말처럼 "가난한 아이들은 컴퓨터만 갖고 부유한 아이들은 컴퓨터와 교사를 함께 갖는" 상황으로 이어질 수도 있다.[3]

그런 일이 일어나도록 내버려둘 수는 없다. 앞에서 이야기한 복잡계의 힘을 비롯하여 우리가 알고 있는 여러 사실을 고려한다면 더욱 그렇다. 여기서 말하는 복잡계란, 학습에서 감정과 환경이 미치는 영향, 피드백 루프가 작동하는 방식, '스퀘어 펙' 같은 학생의 삶에서 성인 멘토가 지니는 변화의 힘을 포함한다. 그럼에도 두려움 때문에 댄이나 팀 같은 아이들에게 유틸리티 벨트를 건네는 일을 미뤄서도 안 된다. 무엇보다도 우리가 원하든 원하지 않든 학교의 디지털화는 이미 피할 수 없는 흐름이다.

기술과 정서의 결합

다행히도 교육적 종말을 막고 기술이 학생과 교사 모두에게 실제로 도움이 되도록 만들기 위해 애쓰는 사람이 많다. 나 역시 그중 한 사람임을 자랑스럽게 말할 수 있다. 우리가 믿는 바는 분명하다. 새로운 기술의 진짜 잠재력은 교사의 시간과 보수를 줄이는 데 있는 것이 아니라, 교사들이 가장 좋아하고 잘하는 고영향 활동에 더 많은 에너지를 쏟도록 해 주는 데 있다. 실제로 기술 혁신은 이미 출석 확인 같은 반복적인 업무나, 하루의 상당 부분을 잡아먹는 단순한 학생 관리 업무에서 교사들을 해방시키고 있다. 이렇게 될 때 기술은 인간을 대체하는 것이 아니라, 인간의 능력과 관계를 확장하는 역할을 하게 된다.

이런 현명하고 혁신적인 기술 활용 방식은 이미 여러 곳에서 실험되고 있다. 내가 아는 많은 학교가 '하이브리드'라고 불리는데, 이곳은 첨단 기술과 '하이터치high touch'라고 하는 인간 중심 교육 방식을 결합해 운영된다.[4]

이런 이상을 가장 잘 구현하는 학교는 샌디에이고의 하이테크 고등학교다. 교장 래리 로젠스톡은 학교에서 사용하는 디지털 콘텐츠에 한계를 설정해 둔다. 예컨대 이 학교는 외국어 학습을 위해 세계적으로 인정받는 온라인 프로그램을 활용하고, 몇몇 학생은 수학 과목에서 온라인 강습을 받기도 한다. 하지만 로젠스톡은 일주일에 하루만 등교하고 4일은 집에서 온라인으로 수업을 듣게 하자는 제안을 거절했다. 학교 교육의 중심이 여전히 질 높은 인간적 관계에 있어야 한다고 믿기 때문이다.[5]

다행스럽게도 하이테크 고등학교와 같은 하이브리드 모델이 점점 확산되고 있다. 또 다른 선구적인 사례로는 '빅 픽처 러닝Big Picture Learning'을 들 수 있다. 이 조직은 1996년 로드아일랜드에 첫 학교를 설립한 이후 이른바 '위험군' 학생들을 대상으로 하이테크와 하이터치를 결합한 교육 방식을 적용해 눈에 띄는 성과를 거두어 왔다.

이 학교는 새로운 기술을 적극 활용하지만 학습에서 정서적 측면을 가장 중시한다. 수업은 각 학생의 관심사와 목표를 반영해 설계되며 이를 통해 학습 동기를 키우는 데 초점을 둔다. 학급 규모는 작고 모든 학생에게 인턴십을 안내해 주는 멘토가 배정된다. 한 재단의 상당한 재정적 지원을 바탕으로 빅 픽처 학교들은 평균 90퍼센트가 넘는 정시 졸업률과 95퍼센트에 달하는 대학 진학률을 기록했다.[6]

오해하지는 말아 달라. 나는 교실에서 하이테크 도구를 더 많이 활용해야 한다고 믿는 사람이다. 다만 그 시스템이 실제로 교실 경험을 나아지게 해야 한다는 조건이 붙는다. 이는 곧 디지털이든 아니든 모든 교육과정이 학생들의 감정, 특히 학습 동기를 이끄는 핵심 요소인 성취감과 숙달감에 어떤 영향을 미치는지를 끊임없이 점검해야 한다는 뜻이다.

평균이라는 환상의 종말

하버드 경영대학원 교수 클레이튼 크리스텐슨Clayton Christensen은 『행복한 학교Disrupting Class』라는 책에서 디지털 콘텐츠가 교육에서 파괴적 힘으로 작동하고 있다고 지적했다. 이는 지난 200년 동안 많은 아이를 주변부로 밀어낸 낡은 교육 전략들에 도전하는 힘이다. 앞서 말했듯 변화가 바람직한 방식으로 이루어지려면 기술이 교사의 역할을 대체하는 것이 아니라 뒷받침해야 한다.

지난 몇 년간 나는 교육 혁명에 참여하는 교사, 학자, 비영리·영리 단체들과 협력해 오면서, 이 하이브리드 모델이 성공하기 위해 반드시 필요한 세 가지 핵심 요소를 분명히 보게 되었다. 그것은 바로 다양성에 대한 이해, 평가 방식의 개선, 콘텐츠에 대한 민주적인 접근이다. 하나씩 살펴보자.

이 책 전반에 걸쳐 다양성에 대해 이야기했으니 이 부분은 짧게 하겠다. 핵심은 이렇다. 부모와 교사는 아이들이 배우고 행동하는 방식에 엄청난 차이가 존재한다는 사실을 당연하게 받아들여야 한다. 이 차이는 타고난 기질에서도 비롯되지만 환경이 지니는 강력한 영향에서도 나온다. 새로운 디지털 학습 기술이 이러한 개인차를 실제로 지원할 수 있어야 한다.

수십 년 동안 교과서 출판사들은 '평균적인 학생'을 기준으로 자료를 만들어도 문제 없이 넘어왔다. 하지만 이제 우리는 그 '평균적인 학생'이 존재하지 않는다는 사실을 안다. 과학 노트 사례에서 보여 주었듯 최근의 혁신은 학습을 더 유연하게 설계할 가능성을 열어 준다. 우리는 이미 이 돌파구를 비용 효율적으로 실현할 수 있는 과학적 지식과 기술을 모두 갖추었다. 이 기회를 그냥 흘려보낼 이유가 없다.

이것은 당신에게도, 수백만 명의 아이들에게도 좋은 소식이다. 특히 우리가 지금까지 이뤄 온 진전을 바탕으로 교육 전반에 깊이 스며든 평균성의 힘을 거슬러 나아갈 수 있다면 더욱 그렇다. 그 평균성은 무엇보다도 표준화 시험이라는 관행에서 가장 극적으로 드러난다. 표준화 시험은 최근 몇 년 사이 급격히 인기를 잃었다. 그럴 만한 이유가 있다. 이 시험들은 애초에 학생들이 효과적으로 배우는 데 필요한 실시간 피드백을 제공하도록 설계된 것이 아니다. 다만 서열을 매기고 분류하기 위해 만들어진 것이다.

성과를 증명하라는 요구 아래 이 시험들은 교사로 하여금 수업 내용을 빠르게 훑고 지나가게 하며, 깊이 있는 이해나 진정한 몰입보다는 피상적인 성과를 우선시하도록 압박한다. 또한 평균에 맞춘 교육을 부추겨 많은 학생을 소외시킨다. 더욱이 연구에 따르면 이 시험 방식은 학생들이 얼마나 잘 배우고 있는지조차 제대로 측정하지 못한다. 학습에서 나타나는 학생들의 엄청난 개인차에 대해 우리가 아는 사실을 고려한다면, 표준화 시험을 유지해야 할 어떠한 정당한 이유도 없다.

그렇다고 해서 시험 그 자체가 나쁘다는 뜻은 아니다. 오히려 정반대다. 과학자들은 빈번하고 적절한 피드백을 제공받는 것이 학습에 놀라울 만큼 효과적이라는 사실을 밝혀냈다.[7] 학생들은 자신이 발전하고 있는지 알아야 하고 일정한 긴장감 속에서 복습하는 것 역시 도움이 된다. 단 그 평가가 학생들을 서열화하는 데 목적이 있는 것이 아니라 학습이 잘 일어나고 있는지 측정하는 데 초점이 맞춰져 있을 때에 한해서다. 제대로 시행되기만 한다면, 이런 평가는 긍정적 피드백 루프의 전형적인 사례가 된다.

여기에서도 디지털 기술은 더 나은 길을 제시한다. '학습 분석'이라는 이름으로 등장한 기술은 학생뿐 아니라 교육과정 자체를 모니터링하고 평가할 수 있는 시스템이다. 학생들은 자신이 이해하지 못한 부분에 대해 응답할 수 있고 교육과정 제작자들은 어느 지점에서 수정이 필요한지 피드백을 받아 볼 수 있다.

이런 진전을 나는 무척 고무적으로 생각한다. 이는 학습에 실패했을 때 그 책임을 전적으로 학생 개인에게 돌리는 관행보다 훨씬 합리적이기 때문이다. 새로운 피드백 루프를 교육과정에 넣음으로써 학생들이 똑똑해지는 것과 동시에 수업 방식 자체도 끊임없이 개선될 수 있다.

이런 시스템은 진정한 개인화를 향한 중요한 한 걸음이며 폭넓게 확산될 것이라 본다. 그렇다면 디지털 물결이 어떻게 해야 가능한 한 많은 학생의 학습을 실제로 향상시킬 수 있을까?

이상적으로는 이 혁명이 인터넷이 걸어온 길과 닮아야 한다고 생각한다. 오픈소스적 민주성이 엄청난 창의성을 촉발한 그 과정 말이다. 그렇게 된다면 교사뿐 아니라 스스로 교사라고 생각해 본 적 없는 사람들조차 학습 내용을 설명하고 보여 주는 혁신적인 방식을 고안해 다음 세대의 '스타 강사'가 될 수 있을 것이다.

대표적인 사례가 바로 살만 칸**Salman Khan**의 파괴적인 시도다. 그는 보스턴에서 헤지펀드 애널리스트로 일했던 인물로, 인도와 방글라데시 출신 이민자의 아들이다. 그가 20대 후반이었을 때, 뉴올리언스에 사는 중학교 1학년 사촌 동생이 그에게 수학 숙제를 도와달라고 한다. 메모장 프로그램을 이용해 인터넷으로 킬로그램을 파운드로 바꾸는 법을 가르치던 그는 그 과정에서 자신의 소명을 발견했다.

이후 그는 옷장 하나를 개조해 비영리 단체 '칸 아카데미**Khan Academy**'를 설립했다. 그 뒤 삼각함수에서 금융, 생물학에 이르기까지 3,000개가 넘는 무료 교육 영상을 제작해 왔다. 집계에 따르면 칸 아카데미 사이트는 하루 수백만 건의 방문 수를 기록하고 있으며, 빌 게이츠도 이를 두고 교육의 미래를 엿볼 수 있는 사례라고 극찬했다. 구글 역시 세상을 가장 많이 도울 수 있는 프로젝트라며 칸 아카데미에 200만 달러를 지원했다.[8]

칸이 단순한 방식으로 그토록 빠르게 명성을 얻은 것은 기존 교육에 대한 좌절감이 얼마나 큰지를 생생하게 보여 준다. 그의 영상은 하나하나가 몇 분 정도로 짧고 형식도 매우 단출하다. 에

너지 넘치는 그의 목소리만이 화면 밖에서 설명을 이어가고 칠판
에는 분필이 그림과 도표를 그려 나간다.

칸이 말하는 핵심은 이것이다. 시청자는 지루해지면 영상을
빠르게 넘길 수 있고 복습이 필요하면 속도를 늦출 수 있다. 초조
해 보일까 걱정할 필요도, 이해가 느려 바보처럼 보일까 봐 염려
할 필요도 없다. 칸의 접근 방식은 변화에 둔감한 전통적인 학교
들에 강력한 경고음을 보낸다. 비판자들이 지적하듯 그의 '아카데
미'는 엄밀한 의미의 학교라기보다는 학습을 돕는 일종의 교육용
부스터 샷에 가깝다. 하지만 그 기본 아이디어가 워낙 뛰어나기
때문에 이 방식은 빠르게 확산될 수밖에 없다.

나는 지금까지 칸이 해 온 일이 무척 좋다. 이것이야말로 가
능성의 표면만 살짝 긁은 정도에 불과하다는 생각에 앞으로 펼쳐
질 일들이 더욱 기대된다.

틀 밖의 아이들이 세상을 구한다

이쯤 되면 학습 혁명의 규모와 속도를 실감했을 것이다. 그저 뒤
로 물러나 이 변화를 기다리라는 뜻은 아니다. 당신이 지금 할 수
있는 일이 많다. 아이의 미래를 준비하는 일은 고대 그리스 델포

이에 있던 아폴론 신전의 벽에 새겨진 유명한 문구를 떠올리는 데서 시작된다. "너 자신을 알라."

이 격언은 누구에게나 유용하지만 나처럼 도전적인 아이들과 가정 역시 학교 못지않은 강력한 학습 환경임을 아는 부모들에게 특히 중요하다. 책 전반에서 강조했듯 자신을 알고 아이를 안다는 것은 우리가 복잡계의 일부로서 어떻게 작동하는지를 이해하는 것을 뜻한다. 어떤 환경이 행동을 돕고, 어떤 환경이 방해하는지 그리고 잘 맞지 않는 환경에서 성공하기 위해 어떤 지원과 자원을 요청해야 하는지를 알아야 한다.

이것이 바로 주도권을 되찾는 방법이다. 자신의 고유한 강점과 약점을 최대한 활용하고 목표를 향해 나아가는 출발점이기도 하다. 더 구체적으로 말하면, 이것이야말로 전례없는 유연성과 선택지를 제공하는 새로운 디지털 학습 환경을 헤쳐 나가는 법을 배우는 과정이다. 과학자들이 아무리 훌륭한 학습 환경을 구축해 낸다 해도 그것을 활용하는 방법은 결국 스스로 익혀야 한다. 이는 곧 능숙한 학습자가 되는 일을 의미한다.

나는 많은 아이가 이 도전에 응답할 것이라 확신한다. 학습 혁명에 대해 내가 희망을 품는 이유는 이 싸움이 더 이상 구글이나 애플 같은 대기업, 하버드 과학자들만의 몫이 아니기 때문이다. 가장 열정적으로 싸우는 혁명군은 바로 학생들 자신이다. 그들은 수십 년 사이 지루함을 견디지 않아도 양질의 교육을 받을 수 있는 권리, 제대로 배울 권리가 자신들에게 있음을 깨달았다.

블레어와 같은 사람은 그 선봉에 서 있다. 블레어는 내가 그랬던 것처럼 악취 폭탄을 던진 적은 없다. 초등학교 5학년 때 학교 뮤지컬을 방해하려고 방귀 스프레이를 뿌리려다 실패한 적은 있다고 한다. 블레어는 자신과 같은 아이들이 오해받으며 슬퍼하면 화가 난다고 말한다. 그는 자신 역시 '보통 아이들'처럼 똑같이 교육받을 권리가 있으며, 사실 사회는 바로 그런 틀 밖에 있는 사람들을 필요로 한다고 믿는다.

나도 그 의견에 전적으로 동의한다. 나아가 블레어 같은 아이들이 진정한 교육을 받을 권리를 자각하고 있다는 점, 학습의 다양성과 환경에 대한 새로운 이해 덕분에 댄 같은 아이들이 학교에서 두 번째 기회를 얻고 있다는 사실을 떠올릴 때, 나는 그들과 수백만 '스퀘어 펙'이 훨씬 밝은 미래로 나아가고 있다는 희망을 품게 된다.

←← **KEY POINT** →→

- 디지털 노트북 같은 기술은 학생들의 개인차를 지원하는 새로운 방법을 제공하고 있다. 그 결과 더 많은 아이가 자신의 재능을 발견하고 잠재력을 최대한 발휘할 수 있게 된다.

- 교육 예산을 줄이려는 전례 없는 압박과 새로운 수익 가능성이 결합되면서, 좋든 싫든 학교에서 디지털 학습은 점점 더 불가피한 흐름이 될 것이다.

- 디지털 학습 확대가 약속하는 가능성에는 한 가지 위험도 따른다. 비용만 따지는 사람들이 교사를 소프트웨어로 대체하려 들 수 있다는 점이다. 그것은 큰 실수다. 좋은 교사는 중요하며, 새로운 디지털 기술은 교사를 대체할 때가 아니라 교사가 가장 잘하는 일을 가로막는 장벽을 제거할 때 최고의 효과를 발휘한다.

- 디지털 학습을 현명하게 발전시키는 데 필수적인 세 가지 요소는 다양성에 대한 이해, 평가 방식의 개선, 콘텐츠에 대한 민주적인 접근이다.

▪▪▪ TO DO ▪▪▪

☐ 자녀의 학교가 디지털 학습을 어떻게 도입해서 운영하고 있는지 살펴보라. 그것이 반사적인 비용 절감 수단이 아닌지, 학교 행정가들이 인간적 관계의 중요성에 대해 건강한 존중을 유지하고 있는지를 확인해 보라.

☐ 자녀가 스스로 자신의 개인차를 마주하고 이해하도록 격려하라. 실질적으로 이는 학교에서 필요한 조정과 배려를 추구하는 첫 단계다. 이 과정을 제대로 해낸다면, 오랫동안 도움이 되는 선물을 아이에게 건네는 일이 될 것이다.

감사의 글

토드 로즈와 캐서린 엘리슨

이 책을 쓰는 과정에서 우리는 재능 있는 수많은 조력자와 긍정적인 피드백 루프가 어우러진, 놀랄 만큼 특별한 복잡계에 기대는 특권을 누렸다. 이 작업을 초기 단계부터 이끌어 준 문학 에이전트 미셸 테슬러, 편집자 레슬리 웰스와 엘리자베스 디스가르드, 교열 편집자 톰 피토니악에게 깊은 감사의 마음을 전한다.

또한 출간을 코앞에 두고 케리 콜런이 합류해 우리의 비전에 공감하고 자신의 뛰어난 역량을 기꺼이 나눠 주었을 때, 우리는 마치 잭팟을 터뜨린 기분이었다. 그녀 덕분에 많은 사람이 이 비전을 함께 나눌 수 있었다.

토드 로즈

지금까지 살아오면서 나를 이해할 수 있도록, 배움에 심취할 수 있도록, 또 이 책을 쓸 수 있도록 도움을 준 많은 사람에게 감사한다. 특히 책의 공동 저자인 캐서린 엘리슨에게 고마움을 전하고 싶다. 그녀의 헌신과 노고에는 물론이고, 내 이야기 가운데 가장 어렵고 고통스러운 부분들을 다룰 때 솔직해질 수 있도록 끊임없이 격려해 주었음에도 감사한다.

학교에서 그저 버티는 데 그치지 않고, 오히려 성장할 수 있도록 도와준 많은 너그러운 멘토들에게 감사한다. 빌 맥보, 에릭 암셀, 줄리앤 아버클, 누구보다도 커트 피셔에게 큰 빚을 지고 있다. 복잡계 이론을 소개해 주었을 뿐 아니라, 훌륭한 과학자이자 더 훌륭한 인간으로서 내가 될 수 있는 가장 좋은 '스퀘어 펙'이 되도록 가르쳐 주었기 때문이다.

또한 직간접적으로 시간과 아이디어를 보태 준 동료들에게도 특별한 감사를 전한다. 데이비드 로즈, 앤 메이어, 가브리엘 라폴트-슐리히트만, 데이비드 고든, 월터 하스, 파리사 루하니, 앤드루 매컬럼에게도 깊이 감사한다.

그 누구보다 내가 가장 감사해야 할 사람은 어머니 라이다 로즈와 아버지 래리 로즈다. 할머니 루스 버턴, 아내 케일린 로즈, 두 아들 오스틴과 네이션은 내게 정말 소중한 사람들이다. 이들은 이 책의 원고를 읽고 의견을 나눠 주었을 뿐 아니라, 내 삶의 이야기에 가장 행복한 결말을 선물해 주었다.

캐서린 엘리슨

나는 무척 힘든 시기에 토드 로즈를 만났다.

당시 열두 살이던 큰아들이 학교와 가정에서 모두 어려움을 겪고 있었고, 비슷한 처지의 수많은 부모들처럼 나 역시 아이를 어떻게 도와야 할지 몰라 허둥대고 있었다. 그 무렵 토드의 감동적인 회복 이야기가 담긴 영상을 우연히 보게 되었다. 나는 하버드에서 토드를 찾아 연락했고, 우리는 멈출 줄 모르고 서로의 이야기를 나누었다. 그 뒤 여러 해 동안 나는 시대에 뒤처진 학교 제도 속에서 깊이 오해받은 경험을 또렷이 기억해 내는 토드의 특별한 능력과, 실질적으로 도움이 되는 아이디어들, 무엇보다도 '이 또한 지나간다'는 그의 믿음에 끊임없이 의지해 왔다.

지금 토드와 나는, 이 책이 비슷한 상황에 놓인 다른 부모들에게 같은 방식으로 도움이 되기를, 학교가 아이들을 정서적으로 더 단단하게 만드는 장소가 되기를, 종종 문제가 있어 보이는 아이들의 에너지와 창의성을 존중하고 키워 주는 곳으로 바뀌기를 함께 바라고 있다.

이 모든 이야기는, 무엇보다 이 작업을 함께할 기회를 준 토드에게 내가 얼마나 고마운지를 설명하기 위해 한 것이다. 그의 부모인 라이다 로즈와 래리 로즈에게도, 그들이 보여 준 드문 정직함과 선의에 깊은 감사를 전한다.

또한 웃음과 사랑, 지혜를 아낌없이 나눠 준 가족과 친구들에게도 고마움을 표하고 싶다. 여기에는 노스 24번가 라이터스North 24th Writers, 앨리슨 바틀릿, 레슬리 크로퍼드, 프랜시스 딩클스필, 샤론 에펠, 수전 프레인켈, 캐서린 네일런, 리사 오쿤, 줄리아 플린 사일러, 질 스토리를 비롯해, 케이티 버틀러, 낸시 부게이, 폴린 크레이그, 에밀리 골드파브, 질 울프슨이 포함된다.

결코 빼놓을 수 없는 버니스 엘리슨, 엘리스 엘리슨, 데이비드 엘리슨, 제임스 엘리슨, 진 밀로프스키 그리고 잭 엡스타인, 조지프 엡스타인, 조슈아 엡스타인에게도 마음 깊이 감사드린다.

미주

프롤로그

1 John Maynard Keynes, The General Theory of Employment, Interest and Money (Harcourt, Brace and Company, 1936).

2 재미 삼아 읽어 보라. Daniel Engber, "The Smell of Hell: Does Satan reek of rotten eggs?", Slate, September 22, 2006, http://www.slate.com/id/2150170.

3 Y. Ueda, "Explosion of strange attractors exhibited by Duffing's equation," International Conference on Nonlinear Dynamics, New York, December 17–21, 1979; Annals of the New York Academy of Sciences 357 (1980): 422–434.

4 Henry Geitz, Jurgen Heideking, and Jurgen Herbst, eds., German Influences on Education in the United States to 1917 (New York: Cambridge University Press, 1995).

1장

1 Susan Shur-Fen Gau and Huey-Ling Chiang, "Sleep Problems and Disorders among Adolescents with Persistent and Subthreshold Attention-Deficit/ Hyperactivity Disorders," Sleep, May 1, 2009.

2 Robert Rosenthal and Lenore Jacobson, "Teachers' expectancies: Determinants of pupils' IQ gains," Psychological Reports 19 (1966): 115–118; Robert Rosenthal and Lenore Jacobson, Pygmalion in the Classroom: Teacher

Expectations and Pupils' Intellectual Development (New York: Holt, Rinehart & Winston, 1968).

2장

1   베티는 가명이다.

2   작업 기억과 학업 성취도의 관계에 대해서는 다음을 참고할 수 있다. R. G. Alloway, "Investigating the predictive roles of working memory and IQ in academic attainment," Journal of Experimental Child Psychology 106 (2010): 20-29.

3   학습된 무기력에 관한 여러 연구 자료는 다음을 참고할 수 있다. http://www.ppc.sas.upenn.edu.

4   제프리 윌헴의 강연 영상은 다음에서 확인할 수 있다. http://wn.com/Jeffrey_Wilhelm_on_Is_school_boring.

5   http://en.wikipedia.org/wiki/Thom_Hartmann.

6   ADHD 약물 치료에서 복약 순응도는 심각한 문제다. 샌프란시스코 지역의 소아과 의사이자 카이저 퍼마네트에서 ADHD 치료 분야를 이끌어 온 피터 레빈에 따르면, 아이들이 약물을 복용하는 평균 기간은 약 18개월에 불과하다.

7   연방법에 따르면, 아동에게 학습장애가 있다는 근거가 있을 경우 학교는 포괄적인 진단 평가를 제공해야 할 의무가 있다.

8   http://febp.newamerica.net/background-analysis/individuals-disabilities-education-act-overview.

9   체벌의 부정적 효과를 다룬 글 가운데 내가 가장 좋아하는 글은 미국심리학회 전 회장이자 심리학자인 앨런 카진이 쓴 이 글이다. Alan E. Kazdin, "Spare the Rod", Slate, http://www.slate.com/id/2200450.

3장

1 소설 『The Magician's Nephew』에서 인용한 것으로, 1949년에서 1954년 사이에 쓰였다. 인간을 대상으로 한 MRI 뇌 스캔 연구는 1977년 처음 발표되었다.

2 이 이론에 대한 개요를 살펴보려면 다음 글을 참고하라. M. H. Schneps, T. L. Rose, and K. W. Fischer, "Visual Learning and the Brain: Implications for Dyslexia," Journal of Mind, Brain, and Education 1, no. 3 (2007).

3 M. J. Kang et al., "The wick in the candle of learning: Epistemic curiosity activates reward circuitry and enhances memory," Psychological Science 20 (2009): 963–973.

4 학생들에게서 최선의 노력을 이끌어 내는 법에 대한 관점으로는 토드 B. 캐시던과 만탁 위엔의 다음 연구가 흥미롭다. "Whether highly curious students thrive academically depends on perceptions about the school learning environment: A study of Hong Kong adolescents," published online, October 23, 2007, Springer Science + Business Media.

5 댄 아이젠버그는 위스콘신 대학교 밀워키 캠퍼스의 진화인류학자 벤 캠벨과 협업한 연구의 주 저자였다. 다음 기사와 논문을 참고했으며, 2010년 겨울에는 전화 및 이메일 인터뷰도 진행했다. http://informsciencenetwork.com/anthropology/latest-hyperactivity-evolve-survival-aid-nomads-2350866a; http://www.northwestern.edu/newscenter/stories/2008/06/ariaaltribe.html; http://www.biomedcentral.com/1471-2148/8/173/abstract.

6 이는 불교의 가르침과 놀라울 정도로 일치한다. 불교에서는 이해 능력이 각자 다른 사람들에게 지혜를 가르치기 위해서는 '방편'이 필요하다고 조언한다. 붓다는 동일한 진리도 무려 8만 4천 개의 '법문'을 통해 이해될 수 있다고 말한다. http://www.buddhism.org.

7 CAST는 하버드 로스쿨, 보스턴 칼리지 등과 협력해 연방 정부의 지원을 받은 프로젝트를 주도했으며, 그 결과 역사상 최초의 국가 교육 자료 접근성 표준인 NIMAS가 제정되었다. 연방 교육법과 동일한 효력을 지닌 NIMAS는 출판사들이

교과서와 기타 학습 자료를 유연한 디지털 형식으로 제작해, 하나의 원본 파일을 점자, 전자 텍스트, 음성 낭독 등 다양한 접근 가능한 형식으로 신속히 변환할 수 있도록 요구한다.

8 벤 포스가 설립한 옹호 단체에 대한 정보와 난독증에 관한 그의 훌륭한 영상을 보려면 다음을 참고하라. http://www.headstrongnation.org; http://www.ldonline.org/firstperson/Benjamin_Foss.

9 http://law.justia.com/cases/federal/appellate-courts/F2/694/666/116830.

10 "Intel Reader reads books to the lazy and infirm (video)," posted by Vlad Savov, November 10, 2009, Engadget.com, http://www.engadget.com/2009/11/10/intel-reader-reads-books-to-the-lazy-and-infirm-video.

4장

1 http://www.telegraph.co.uk/news/worldnews/barackobama/8375091/Barack-Obama-shares-childhood-tales-at-bullying-conference.html.

2 버락 오바마 대통령은 이 회의를 직접 주재했으며, 백악관은 Stopbullying.gov 웹사이트도 함께 개설했다. 또한 오바마는 2012년 예산안에 아동 폭력과 괴롭힘을 방지하기 위해 1억 3,200만 달러를 포함시키겠다고 약속했는데, 이 예산은 교육부의 '성공적이고 안전하고 건강한 학생' 프로그램을 통해 주정부와 지방정부에 보조금 형태로 제공되었다. http://www.cnn.com/2011/POLITICS/03/10/obama.bullying/index.html.

3 http://www.bullyingstatistics.org/content/bullying-statistics-2009.html; http://www.pascack.k12.nj.us/70271919141818/lib/70271919141818/Bullying_Statistics.htm; http://students.com.miami.edu/netreporting/?page_id=1269.

4 Tonja R. Nansel, Ph.D., "Bullying Behaviors Among US Youth: Prevalence and Association With Psychosocial Adjustment," The Journal of the American Medical Association 285 (2001): 2094–2100.

5   Marlene Snyder, Ph.D., Understanding Bullying and Its Impact on Kids With Learning Disabilities or AD/HD, http://www.greatschools.org/special-education/health/823-understanding-bullying-and-its-impact-on-kids-with-learning-disabilities-or-ad-hd.gs.

6   Clayton R. Cook et al., "Predictors of Bullying and Victimization in Childhood and Adolescence: A Meta-analytic Investigation," School Psychology Quarterly 25, no. 2 (2010): 65–83 (1045–3830).

7   S. M. Swearer and B. J. Doll, "Bullying in schools: An ecological framework," Journal of Emotional Abuse 2 (2001): 7–23.

8   Read This When You Can: Stories and Essays by SAFE Voices, Student Advisors for Education (San Francisco: Parents Education Network, 2008).

9   Ethan Kross et al., "Social rejection shares somatosensory representations with physical pain," Proceedings of the National Academy of Sciences (2011).

10   http://www.dana.org/news/cerebrum/detail.aspx?id=638.

11   과학자들은 괴롭힘으로 인한 스트레스가 코르티솔의 작용을 통해 면역 기능을 저하시킨다고 추정한다. Emily Anthes, "Inside the Bullied Brain: The Alarming Neuroscience of Taunting," Boston Globe, Nov. 28, 2010.

12   http://psycnet.apa.org/psycinfo/2007-06470-007. 연구에 따르면 괴롭힘에 가해자 또는 피해자로 연루된 학생들은 학업에 덜 몰입하는 경향이 있다. Tonja R. Nansel et al., "The Association of Bullying and Victimization with Middle School Adjustment," Journal of Applied School Psychology 19, no. 2 (2003). 또 다른 연구들은 장기적인 코르티솔 반응이 자기 통제에 핵심적인 역할을 하는 전전두엽의 기능을 손상시킬 수 있음을 보여 준다. 오랫동안 자신이 위협받고 있다고 인식하는 아동은 보통 과잉 경계 상태가 되고, 감정적으로 과민해지며, 방어적이고 쉽게 분노하게 된다.

13   http://aacap.org/page.ww?name=Children+with+Oppositional+Defiant+Disorder§ion=Facts+for+Families.

14   골드스타인을 찾아갔던 나의 경험은 임상심리학 전반의 가장 큰 한계 가운데

하나를 보여 준다. 환자, 특히 불만이 많은 청소년 환자는 진실을 말하지 않을 가능성이 상당히 크다는 점이다. 당시 나는 한 번도 만난 적 없는 사람에게, 그것도 그때의 내 생각에는 내가 무엇이 잘못되었는지를 밝혀내기 위해 간 자리에서, 솔직하게 마음을 열 생각이 전혀 없었다. 그때 나는 골드스타인의 보고서를 원하면 누구나 볼 수 있을 것이라 생각했으니, 내 사생활을 지키지 않을 이유가 있었겠는가?

15   어머니가 한발 물러나 긴장을 완화하기로 한 양육 방식은, 어머니와 갈등 관계에 있는 아이들이 학창 시절 코르티솔 수치가 더 높게 유지된다는 연구 결과에 의해 뒷받침된다. G. Rappolt-Schlichtmann et al., "Poverty, Relationship Conflict, and the Regulation of Cortisol in Small and Large Group Contexts at Child Care," Mind, Brain, and Education 3 (2009): 131-142.

5장

1   이 에피소드는 1994년에 방영되었는데, 내가 이 방식을 스스로 떠올리기 1년 전이었다. '반대 토드'라는 이름을 붙인 공로는 전적으로 드라마에 돌리고 싶다.

2   캐럴 드웩의 웹사이트는 다음을 참고하라. http://mindsetonline.com/.

6장

1   가브리엘 라폴트-슐리히트만의 CAST 프로필은 다음에서 확인할 수 있다. http://www.cast.org.

2   이와 관련해서는 다음 자료를 참고하라. http://www-bcf.usc.edu/~immordin/papers/Immordino-Yang+Damasio_2007RelevanceofNeurotoEdu.pdf.

3   블라스코비치와 토마카는 연구를 2008년에 업데이트했다. J. Blascovich,

"Challenge and Threat," in A. J. Elliot, ed., Handbook of Approach and Avoidance Motivation (New York: Erlbaum, 2008), pp. 431-446. 이는 2011년 5월 27일 진행된 엘리슨과 블라스코비치의 전화 인터뷰 내용에도 기반한다.

4 흥미롭게도 심리학자 시안 베일록은 관중의 과도한 지지가 스포츠 팀에는 오히려 역효과를 낼 수 있다는 사실을 발견했다. 홈팀은 플레이오프나 챔피언십 경기에서 응원이 수행 압박을 높여 선수들을 불안하게 만들기 때문에 큰 불리함을 겪을 수 있다. http://discovermagazine.com/2010/the-brain-2/06-science-reveals-how-not-to-choke-under-pressure.

5 Gerardo Ramirez and Sian L. Beilock, "Writing about Testing Worries Boosts Exam Performance in the Classroom," Science, vol. 331, January 14, 2011.

6 이 분야의 창시자 가운데 한 명인 스탠퍼드 대학교 교수 클로드 스틸과의 인터뷰는 다음에서 볼 수 있다. http://www.pbs.org/wgbh/pages/frontline/shows/sats/interviews/steele.html.

7 Catherine P. Bradshaw and Tracy E. Waasdorp, "Effective Strategies in Combating Bullying," Johns Hopkins Center for the Prevention of Youth Violence, Johns Hopkins Bloomberg School of Public Health.

8 D. Olweus, "The Olweus Bullying Prevention Programme: Design and implementation issues and a new national initiative in Norway," in P. K. Smith, D. Pepler, and K. Rigby, eds., Bullying in Schools: How Successful Can Interventions Be? (Cambridge, UK: Cambridge University Press, 2004), pp. 13-36. 이 프로그램은 미국소아과학회를 포함한 전문가들로부터 긍정적인 평가를 받아 왔다. http://www.clemson.edu/olweus/aap.pdf.

9 David P. Farrington and Maria M. Ttofi, School-based Programs to Reduce Bullying and Victimization, Campbell Systematic Reviews (Oslo: Campbell Collaboration, 2009).

10 2006년, 미국심리학회가 D.A.R.E. 프로그램 졸업생 1,000명을 대상으로 10년에 걸쳐 진행한 연구에서 이 프로그램이 측정 가능한 효과를 보이지 않았다는 결과가 나왔다. 연구진은 학생들이 6학년이었을 때의 음주, 흡연, 마리화나 및

불법 약물 사용 수준과, 20세가 되었을 때의 사용 수준을 비교했다. 프로그램 직후에는 약물 사용에 대한 태도에서 일부 변화가 관찰되었지만, 이러한 효과는 장기적으로 지속되지 않았다. http://psycnet.apa.org/index.cfm?fa=buy.option ToBuy&id=1999-03346-017.

11   최근 몇 년간 점점 더 가혹해진 학교의 무관용 정책이 차별적 영향을 미친다는 우려가 커지고 있다. 텍사스 학교들을 대상으로 한 최근 연구에 관한 보고로는 다음 기사를 참고하라. http://www.nytimes.com/2011/07/19/education/19discipline.html?r=1&pagewanted=print.

12   Joseph A. Durlak et al., "The Impact of Enhancing Students' Social and Emotional Learning: A Meta-Analysis of School-Based Universal Interventions," Child Development 82, no. 1 (2011); http://www.sciencedaily.com/releases/2011/02/110204091243.htm.

13   여러 연구에 따르면 학생들에게 긍정적인 문화와 건강한 도전 과제를 제공하는 학교는 괴롭힘이 적은 반면, 관리가 부실한 학교에서는 괴롭힘이 더 많이 발생하는 경향이 있다. Stephen Brand et al., "Middle school improvement and reform: Development and validation of a school-level assessment of climate, cultural pluralism, and school safety," Journal of Educational Psychology 95, no. 2 (2003): 570-588.

7장

1   http://well.blogs.nytimes.com/2011/02/28/go-easy-on-yourself-a-new-wave-of-research-urges/.

2   K. Neff, "The role of self-compassion in development: A healthier way to relate to oneself," Human Development 52 (2009): 211-214.

3   하버드 동료인 진 페인이 쓴 책『The Self-Compassion Diet』(Boulder, CO: Sounds True, 2011)에서 발췌했다.

4   연구 결과를 포함한 자료들은 www.theboysinitiative.org에 정리되어 있다.

5   "Supportive Non-Parental Adults and Adolescent Psychosocial
     Functioning: Using Social Support as a Theoretical Framework," http://
     www.ncbi.nlm.nih.gov/pubmed/21384233; Katy Butler, "The Anatomy
     of Resilience," Psychotherapy Networker, March–April 1997, http://
     www.katybutler.com/publications/psychnetorg/indexfiles/psychthernet_anato
     fresilience.htm.

6   E. H. Nieweg, "Does ADHD medication stop working after 2–3 years? On the
     surprising but little-known follow-up of the MTA study," Tijdschr Psychiatry
     52, no. 4 (2010): 245–254, http://www.ncbi.nlm.nih.gov/pubmed/20503165.

7   물론 여전히 충동적인 나의 '재치'가 문제를 일으키는 순간들도 있었다. 예를
     들어 사회학 수업 첫날, 교수는 모두에게 일어나 자기소개를 하라고 했다. 내
     차례가 되었고 나는 아마도 장난 삼아 이렇게 말했다. "안녕하세요, 저는 토드
     로즈고, 알코올중독자입니다." 어떤 사람들은 웃었고, 어떤 사람들은 대수롭지
     않게 넘겼다. 하지만 낸시라는 한 여성은 몹시 화가 난 표정이었다. 수업이 끝난
     뒤 그녀는 나를 붙잡고 자신의 남편이 회복 중인 알코올중독자이며 그로 인해
     가정이 완전히 무너졌고, 인생을 다시 시작하기 위해 학교에 다니고 있다고
     말했다. "도대체 그런 일로 농담을 하는 사람이 어딨어요?" 그녀가 물었다.
     나는 그녀가 옳다는 걸 알았고, 너무 부끄러워서 오히려 과하게 반응했다.
     "사실은요," 내가 진지하게 말했다. "무슨 말씀인지 알아요. 하지만 저는 거의
     3년째 술을 끊고 있고, 너무 심각하게 받아들이지 않는 유머가 삶을 계속
     살아가게 해 준다는 걸 알게 됐어요." 낸시는 그 수업에서 내 가장 친한 친구가
     되었다. 만약 이 글을 읽고 있다면 나를 용서해 주기를 진심으로 바란다.

8장

1   http://www.merriam-webster.com/dictionary/syllabi.

2   이 설명과 케빈 던바의 연구 이야기는 「Wired」 잡지에 실린 기사에서 가져온 것이다. http://www.wired.com/magazine/2009/12/fail_accept_defeat/.

3   맬컴 글래드웰은 부정하지 않고 자신의 실수로부터 배우는 습관의 가치를 잘 보여 주는 통찰력 있는 글을 쓴 바 있다. http://www.gladwell.com/1999/1999_08_02_a_genius.htm.

4   재구성이라 불리는 이 전략에 대한 간결한 개요는 다음 자료에 정리되어 있다. http://www.psychologytoday.com/blog/eyes-the-brain/201104/seeing-yourself-differently-through-reframing.

에필로그

1   이 노트북 프로토타입의 투박한 초기 이름은 스누들이었다. 과학 노트 개발팀은 CAST 소속 과학자인 가브리엘 라폴트-슐리히트만이 이끌었으며, 미국 교육부의 재정 지원을 받아 개발되었다. 이 노트북에 대한 자세한 내용은 다음에서 확인할 수 있다. http://www.cast.org.

2   David George Ritchie, Natural Rights: A Criticism of Some Political and Ethical Conceptions (New York: Macmillan, 1895), http://books.google.com/books?id=o0OFAAAAMAAJ&pg=PA274&lpg=PA274&dq=happiness+unimpeded+excellence&source=bl&ots=QvNQkLhDeO&sig=SKewNVJzORSne96FRhm8SXhaZw&hl=en&ei=ritVTqvrOMfjiALpingDA&sa=X&oi=book_result&ct=result&resnum=6&ved=0CDYQ6AEwBQ#v=onepage&q=happiness%20unimpeded%20excellence&f=false.

3   다이앤 래비치는 『The Death and Life of the Great American School System: How Testing and Choice Are Undermining Education』을 비롯한 여러 저서를

쓴 교육 비평가다. 여기 인용된 발언은 「데모크라시 나우」라는 라디오 인터뷰에서 나온 것이다. http://vimeo.com/28201779. 인터뷰 전문은 다음에서 확인할 수 있다. http://www.alternet.org/news/152182/%22poverty_is_the_problem_%22_with_our_public_schools,_not_teachers%27_unions?page=5.

4 "하이테크와 하이터치"라는 표현은 여러 맥락에서 사용되어 왔으며, 이 이름으로 나온 책도 있다. http://www.amazon.com/High-Tech-Touch-Technology-Meaning/dp/0767903838.

5 래리 로젠스톡은 2011년 3월 샌디에이고에서 캐서린 엘리슨과 대화를 나눴다. 그는 또한 NewSchools와의 인터뷰에서 첨단 기술 확대에 대한 자신의 경계심을 설명했다. http://www.newschools.org/news/future-schools.

6 http://www.bigpicture.org.

7 이 아이디어를 지지하는 연구는 2011년 1월 큰 주목을 받았다. http://www.sciencemag.org/content/early/2011/01/19/science.1199327.abstract; http://www.nytimes.com/2011/01/21/science/21memory.html.

8 http://www.npr.org/templates/story/story.php?storyId=121978193; http://blogs.forbes.com/bruceupbin/2010/10/28/khan-academy-a-name-you-need-to-know-in-2011/; http://www.npr.org/templates/story/story.php?storyId=121978193.

참고 문헌

- Allen, David. 『Getting Things Done: The Art of Stress-Free Productivity』, New York: Penguin Books, 2001.
- Barkley, Russell. 『Taking Charge of ADHD』, New York: Guilford Press, 2000.
- Beilock, Sian. 『Choke: What the Secrets of the Brain Reveal About Getting It Right When You Have To』, New York: Free Press, 2010.
- Berns, Gregory. 『Iconoclast: A Neuroscientist Reveals How to Think Differently』, Boston: Harvard Business Press, 2010.
- Branden, Nathaniel. 『The Six Pillars of Self-Esteem』, New York: Bantam Books, 1995.
- Christensen, Clayton, Curtis Johnson, and Michael Horn. 『Disrupting Class: How Disruptive Innovation Will Change the Way the World Learns』, New York: McGraw- Hill, 2008.
- Clark, Andy. 『Supersizing the Mind: Embodiment, Action, and Cognitive Extension』, New York: Oxford University Press, 2010.
- Dweck, Carol. 『Mindset: The New Psychology of Success』, New York: Ballantine Books, 2007.
- Gardner, Howard. 『Extraordinary Minds: Portraits of 4 Exceptional Individuals and an Examination of Our Own Extraordinariness』, New York: Basic Books, 1998.
- Gilbert, Daniel. 『Stumbling on Happiness』, New York: Knopf, 2006.
- Gladwell, Malcolm. 『Outliers: The Story of Success』, Boston: Back Bay Books, 2011.

- Gleick, James. 『Chaos: Making a New Science』, New York: Penguin Books, 2008.

- Goldberg, Elkhonon. 『The New Executive Brain: Frontal Lobes in a Complex World』, New York: Oxford University Press, 2009.

- Klingberg, Torkel. 『The Overflowing Brain: Information Overload and the Limits of Working Memory』, New York: Oxford Press, 2008.

- Lehrer, Jonah. 『How We Decide』, Boston: Mariner Books, 2010.

- Meadows, Donella. 『Thinking in Systems: A Primer』, Edited by Diana Wright. White River Junction, VT: Chelsea Green, 2008.

- Mitchell, Melanie. 『Complexity: A Guided Tour』, New York: Oxford University Press, 2009.

- Mitchell, Sandra. 『Unsimple Truths: Science, Complexity, and Policy』, Chicago: University of Chicago Press, 2009.

- Neff, Kristin. 『Self- Compassion: Stop Beating Yourself Up and Leave Insecurity Behind』, New York: William Morrow, 2011.

- Nisbett, Richard. 『Intelligence and How to Get It: Why Schools and Cultures Matter』, New York: Norton, 2010.

- Page, Scott. 『The Difference: How the Power of Diversity Creates Better Groups, Firms, Schools, and Societies』, Princeton, NJ: Princeton University Press, 2008.

- Pink, Daniel, H. 『Drive: The Surprising Truth About What Motivates Us』, New York: Riverhead Books, 2009.

- Plomin, Robert. 『Nature and Nurture: An Introduction to Human Behavioral Genetics』, California: Wadsworth Publishing Company, 2004.

- Ravitch, Diane. 『The Death and Life of the Great American School System: How Testing and Choice Are Undermining Education』, New York: Basic Books, 2010.

- Rosenthal, Robert, and Lenore Jacobson. 『Pygmalion in the Classroom: Teacher Expectation and Pupils' Intellectual Development』, New York: Holt, Rinehart & Winston, 1968.

- Sapolsky, Robert. 『Why Zebras Don't Get Ulcers』, New York: W. H. Freeman,

2004.

- Schultz, Kathryn. 『Being Wrong: Adventures in the Margins of Error』, New York: Ecco, 2011.
- Seligman, Martin. 『Authentic Happiness』, New York: Free Press, 2002.
- Smiley, Tavis. 『Fail Up: 20 Lessons on Building Success from Failure』, Carlsbad, CA: SmileyBooks, 2011.
- Student Advisors for Education. 『Read This When You Can: Stories and Essays by SAFE Voices』, San Francisco: Parents Education Network, 2008.
- Waber, Deborah. 『Rethinking Learning Disabilities: Understanding Children Who Struggle in School』, White River Junction, VT: Guilford Press, 2010.
- 『The Tipping Point: How Little Things Can Make a Big Difference』, Boston: Back Bay Books, 2002.

옮긴이 윤영삼

2003년 출판번역에 입문하여 60여 권을 번역 출간했다. 대표적인 역서로는 로버트 기요사키 『부자들의 음모』, 팀 하포드 『메시』, 세스 고딘 『린치핀』, 할 엘로드 『미라클모닝』, 조셉 윌리엄스 『논증의 탄생』 등이 있다. 영국 버밍엄 대학 대학원에서 번역학을 공부했으며, 출판 기획, 편집, 저술, 기술 번역, 공동 번역 프로젝트 등을 수행하며 '번역행위자'로서 경력을 쌓았다. 2007년 출판번역가를 양성하기 위한 강좌를 시작했으며, 2015년 이론에서 실무까지 번역가들이 알아야 할 모든 것 『갈등하는 번역』을 출간해 이듬해 세종도서 우수교양도서로 선정되었다. 현재는 크레센도 출판사를 운영하고 있다.

아이의 천재성은 어떻게 사라지는가

초판 1쇄 발행 2026년 3월 25일

지은이 토드 로즈, 캐서린 엘리슨
옮긴이 윤영삼
펴낸이 김선준

편집이사 서선행
책임편집 이은애 **편집3팀** 최구영 **디자인** 엄재선
마케팅팀 권두리, 이진규, 신동빈
콘텐츠본부장 조아란
콘텐츠팀 이은정, 장태수, 권희, 박미정, 조문정, 이건희, 박지훈, 송수연, 김수빈, 현유진, 정지호
경영관리 송현주, 윤이경, 임해랑, 정수연

펴낸곳 (주)콘텐츠그룹 포레스트 **출판등록** 2021년 4월 16일 제2021-000079호
주소 서울시 영등포구 여의대로 108 파크원타워1 28층
전화 02) 332-5855 **팩스** 070) 4170-4865
홈페이지 www.forestbooks.co.kr
종이 (주)월드페이퍼 **인쇄** 더블비 **제본** 책공감

ISBN 979-11-94530-90-9 (03370)

㈜콘텐츠그룹 포레스트는 독자 여러분의 책에 관한 아이디어와 원고 투고를 기다리고 있습니다. 책 출간을 원하시는 분은 이메일 writer@forestbooks.co.kr로 간단한 개요와 취지, 연락처 등을 보내주세요. '독자의 꿈이 이뤄지는 숲, 포레스트'에서 작가의 꿈을 이루세요.